CRIME SEM CASTIGO

JULIANA DAL PIVA

COMO OS MILITARES MATARAM
RUBENS PAIVA

© 2025 - Juliana Dal Piva
Direitos em língua portuguesa para o Brasil:
Matrix Editora
www.matrixeditora.com.br
 /MatrixEditora | /@matrixeditora | /matrixeditora | /matrixeditora

Diretor editorial
Paulo Tadeu

Capa, projeto gráfico e diagramação
Marcelo Córreia

Revisão técnica
Joaci Pereira Furtado, doutor em História Social pela USP
Pablo de Oliveira Mattos, doutor em História pela PUC-Rio

Revisão
Silvia Parollo

CIP-BRASIL - CATALOGAÇÃO NA PUBLICAÇÃO
SINDICATO NACIONAL DOS EDITORES DE LIVROS, RJ

Piva, Juliana Dal
Crime sem castigo / Juliana Dal Piva. - 1. ed. - São Paulo: Matrix, 2025.
208 p.; 23 cm.

ISBN 978-65-5616-537-0

1. Paiva, Rubens, 1929-1971. 2. Prisioneiros políticos - Brasil - Biografia.
3. Deputados federais - Ditadura - Biografia. 4. Brasil - Política e governo - 1964-1985.
5. Crime político - Brasil. I. Título.

25-95723   CDD: 920.9365.45092
            CDU: 929:32(81)"1964/1985"

Gabriela Faray Ferreira Lopes - Bibliotecária - CRB-7/6643

Sumário

Agradecimentos 11

Lista de abreviaturas 13

Introdução 15

Capítulo 1
Onde está Rubens Paiva? 23

Capítulo 2
Eunice em luta 37

Capítulo 3
A mentira do Exército é desmascarada 55

Capítulo 4
Militares deixam a presidência e caso é reaberto 73

Capítulo 5
Uma Comissão Nacional da Verdade cinco
décadas depois 109

Capítulo 6
CNV chega aos nomes dos assassinos de
Rubens Paiva 119

Capítulo 7
MPF denuncia militares em processo inédito 153

Capítulo 8
Crime sem castigo 169

Anexos 175

Notas 191

Referências bibliográficas 203

A Eloir, Cezar, Carolina e Luiz Felipe, que me ensinaram o importante.
Para Eunice e Rubens Paiva, por justiça!

O correr da vida embrulha tudo, a vida é assim: esquenta e esfria, aperta e daí afrouxa, sossega e depois desinquieta. O que ela quer da gente é coragem.

João Guimarães Rosa | *Grande sertão: veredas*

Agradecimentos

Este livro é a conclusão de um trabalho que mistura meus anos cobrindo crimes cometidos durante a ditadura militar e que também estudei no meu mestrado. Ele só foi possível porque minha família não me deixou desistir. Não existem palavras para agradecer o suficiente a Eloir, Cezar, Carolina e Luiz Felipe.

Outra pessoa essencial nessa trajetória foi a minha orientadora no mestrado, Angela Moreira Domingues da Silva. Atenta, exigente e uma companheira até o fim, incentivando a publicação dessa pesquisa até o último momento.

Nesse mesmo sentido, também agradeço aos professores do CPDOC, com os quais tive aulas ao longo do curso, por toda a contribuição não só a esta pesquisa, mas para minhas reflexões sobre a sociedade e o país. Tornei-me não apenas uma pesquisadora acadêmica, coisa que nem sequer me achava capaz, mas uma jornalista mais atenta depois do curso. Faço o mesmo agradecimento às professoras que integraram a banca de qualificação e de conclusão do mestrado: Dulce Pandolfi e Samantha Quadrat.

Preciso agradecer carinhosamente a um grupo imenso de pessoas que auxiliaram a execução e a conclusão dessa pesquisa. Vera Paiva, Sérgio Suiama, Wadih Damous, Nadine Borges, Carmen da Costa Barros, Alexandre Concesi, Denise Assis, Martha Baptista, Jason Tércio, Renata Sequeira, Marcelo Auler e Liége Galvão Quintão contribuíram de modo decisivo para que esse trabalho existisse.

Essa dissertação também não existiria sem o trabalho jornalístico desenvolvido ao longo dos últimos anos ao lado de Chico Otavio, com quem tive a honra de dividir uma série de reportagens que mudaram a minha trajetória profissional.

Agradeço a todos os meus colegas jornalistas que de alguma maneira contribuíram para que essa pesquisa fosse cumprida. Registro o apoio fundamental que recebi em horas muito difíceis de Chico Alves e Igor Mello.

Todo meu carinho e agradecimento às irmãs que encontrei pela vida: a historiadora Ana Carolina Antão, a defensora de direitos humanos Ludmila Paiva e a jornalista Gabriela Varella, que também caminharam comigo nessa jornada. Muito obrigada ao historiador Pablo de Oliveira Mattos pela leitura atenta e observações nos textos originais.

Deixo ainda meu carinho e reconhecimento para a Matrix Editora pelo esforço em ver este trabalho publicado. Muito obrigada, Paulo Tadeu.

Por um cuidado que me protegeu em diferentes momentos da minha caminhada, eu agradeço demais a Teodora Schwartz, minha amada tia, a Adaílton Moreira da Costa e ao Ile Axé Omiojuaro. Axé.

Agradeço a Inês Etienne Romeu e Eunice Paiva, *in memoriam*, Suzana Lisboa e Ivan Seixas. Pessoas que admiro por uma vida dedicada a essa causa e por quem tenho profundo respeito. Elas foram parte da inspiração necessária para que eu me dedicasse a esse tema e me unisse a uma causa que deveria ser de toda a sociedade brasileira.

Lista de abreviaturas

2ª Câmara de Coordenação e Revisão Criminal (2CCR)
Ação Libertadora Nacional (ALN)
Agência Brasileira de Inteligência (Abin)
Aliança Renovadora Nacional (Arena)
Arguição de Descumprimento de Preceito Fundamental (ADPF)
Arquivo Nacional (AN)
Associação Brasileira de Imprensa (ABI)
Ato Institucional (AI)
Batalhão de Polícia do Exército (BPE)
Brasil Nunca Mais (BNM)
Centro de Estudos de Pessoal (CEP)
Centro de Informações de Segurança da Aeronáutica (CISA)
Centro de Informações do Exército (CIE)
Centro de Operações e Defesa Interna (CODI)
Centro de Pesquisa e Documentação de História Contemporânea do Brasil (CPDOC)
Comando Militar do Leste (CML)
Comissão Especial de Mortos e Desaparecidos Políticos (CEMDP)
Comissão Estadual da Verdade do Rio de Janeiro (CEV-RIO)
Comissão Nacional da Verdade (CNV)
Comissão Nacional dos Desaparecidos (CONADEP)
Comissão Parlamentar de Inquérito (CPI)
Comitês Brasileiros de Anistia (CBA)
Conselho de Defesa dos Direitos da Pessoa Humana (CDDPH)

Corte Interamericana de Direitos Humanos (CIDH)
Departamento de Ordem Política e Social de São Paulo (DOPS)
Destacamento de Operações e Informações - Centro de Operações e Defesa Interna (DOI-CODI)
Destacamento de Operações e Informações (DOI)
Escola Nacional de Informações (ESNI)
Grupo de Trabalho de Justiça de Transição (GT-JT)
Inquérito Policial Militar (IPM)
Instituto Brasileiro de Ação Democrática (IBAD)
Jornal do Brasil (JB)
Lei de Acesso à Informação (LAI)
Liberdade e Luta (Libelu)
Ministério Público Federal (MPF)
Ministério Público Militar (MPM)
Movimento Democrático Brasileiro (MDB)
Movimento Revolucionário 8 de Outubro (MR-8)
Operação Bandeirante (OBAN)
Ordem dos Advogados do Brasil (OAB)
Organização das Nações Unidas (ONU)
Partido Comunista Brasileiro (PCB)
Partido Comunista Brasileiro Revolucionário (PCBR)
Partido do Movimento Democrático Brasileiro (PMDB)
Partido dos Trabalhadores (PT)
Partido Trabalhista Brasileiro (PTB)
Pelotão de Investigações Criminais (PIC)
Polícia Federal (PF)
Programa Nacional de Direitos Humanos - 3 (PNDH-3)
Serviço Nacional de Informações (SNI)
Sistema de Segurança Interna (Sissegin)
Superior Tribunal Militar (STM)
Supremo Tribunal Federal (STF)
Tribunal Regional Federal (TRF)
União Nacional dos Estudantes (UNE)
Universidade de São Paulo (USP)
Vanguarda Armada Revolucionária Palmares (VAR-Palmares)
Vanguarda Popular Revolucionária (VPR)

Introdução

Um inusitado atraso de um dos advogados de defesa causou certo tumulto durante um dos julgamentos do Tribunal Regional Federal (TRF-2), no início da tarde do dia 10 de setembro de 2014. A Segunda Turma Especializada do Tribunal Regional Federal (TRF-2), no Rio de Janeiro, analisava um recurso dos cinco militares acusados pela morte e ocultação de cadáver do ex-deputado federal cassado Rubens Paiva, em janeiro de 1971.

Rodrigo Roca, o defensor dos militares, deveria estar a postos para a sustentação oral de seus clientes. Ele, no entanto, não aparecia e quase 30 minutos depois do horário marcado para a audiência ligou para o tribunal para avisar que estava "preso no trânsito". Outro fato surpreendente, então, ocorreu: os desembargadores decidiram adiar a apreciação do caso até a chegada do advogado. Em um momento raro, os juízes optaram por aguardar sob a justificativa de que a defesa pudesse, depois, alegar "cerceamento" em um caso "tão polêmico". Muito embora admitissem ao microfone que o atraso "demonstrava o ânimo do defensor" em relação à causa.

Enquanto Rodrigo Roca não chegava, o auditório foi lotando. Familiares de Rubens Paiva, jornalistas, advogados, pesquisadores da área de História e militantes de direitos humanos. Os réus não compareceram. Mais de uma hora depois, quando finalmente o advogado chegou, as expressões dos presentes já demonstravam tensão à espera do voto dos magistrados. A ação penal contra os acusados tinha começado em maio de 2014, na

Justiça Federal, mas estava trancada devido a uma liminar por decisão do TRF, que naquele momento julgava a reabertura no plenário do tribunal. Caso o processo fosse retomado, seria a primeira vez que um homicídio ocorrido durante o período da ditadura militar, iniciada em 1964, iria a julgamento.

De um lado, o Ministério Público Federal sustentava a acusação e a imprescritibilidade do crime, considerado permanente. Rubens Paiva é até agora um desaparecido político. Ele foi levado de casa, em 20 de janeiro de 1971, por um grupo de militares do Centro de Informações de Segurança da Aeronáutica (Cisa) e, de lá, encaminhado ao DOI-Codi e nunca mais retornou. Torturado por horas, morreu e seu corpo nunca foi sequer entregue à família. Diversos relatos e provas permitem afirmar que os cinco militares denunciados fazem parte do grupo responsável pelo crime. São eles: José Antônio Nogueira Belham, Rubens Paim Sampaio, Raymundo Ronaldo Campos, Jurandyr e Jacy Ochsendorf e Souza.

No recurso para o TRF-2, o advogado de defesa nem tentou refutar as acusações ou discutir provas. Rodrigo Roca simplesmente apelou para a interpretação vigente sobre o alcance da Lei de Anistia. O advogado até elogiou o trabalho de investigação do MPF.

Ao longo da leitura de seu voto, o relator do caso, desembargador Messod Azulay, disse que "nossa Constituição não tutela o terror". Ao votar pela reabertura da ação penal, ele ainda sustentou que o crime não estava prescrito, já que o corpo do ex-parlamentar nunca foi encontrado. Em seguida, foi a vez do desembargador André Fontes – de quem veio a proposta de aguardar pelo advogado de defesa. Calmo, o magistrado iniciou lembrando que "a palavra 'anistia' vem do grego *amnestia*, que significa esquecimento". E, como em um desabafo, arrematou o seu voto pelo prosseguimento da ação: "Pois bem. Não se pode esquecer aquilo que não se conhece". A reabertura ainda teve mais um voto e venceu por unanimidade.

Quando o plenário encerrou a sessão, o auditório lotado com cerca de 50 pessoas ensaiou um aplauso, mas as pessoas se contiveram, deixando escapar apenas algumas lágrimas. Naquele momento, um tribunal brasileiro respaldava a abertura de processo criminal contra militares pelo assassinato de uma vítima da ditadura militar. A sentença, porém, significava mais do que isso. Os três desembargadores reconheciam, pela primeira vez em quase

30 anos após o retorno dos governos civis, que um crime cometido por agentes públicos ao longo da ditadura militar configurava um crime contra a humanidade, acolhendo um dos principais argumentos apresentados pelo MPF na denúncia do caso. A decisão dos desembargadores foi também o primeiro movimento mais concreto em prol da responsabilização dos militares que mataram Rubens Paiva.

Uma década depois, porém, o processo segue longe do fim e aguarda um decisivo capítulo no Supremo Tribunal Federal. No fim de setembro de 2014, a defesa dos militares apelou ao STF, e o ministro Teori Zavascki, primeiro relator do processo, trancou a ação em caráter liminar. Como Zavascki morreu em um acidente de avião em janeiro de 2017, o caso foi encaminhado para outro ministro. Atualmente, está no gabinete do ministro Alexandre de Moraes.

Ao iniciar essa pesquisa, que foi apresentada para o meu mestrado e agora se transforma neste livro, meu objetivo era entender as dificuldades para esclarecer o desaparecimento de Rubens Paiva. Por isso, me dediquei a estudar as investigações do caso desde 1971. Mas, aos poucos, compreendi que o caso do ex-deputado federal ilustrava dois pontos. Por um lado, foi possível verificar cada detalhe de como a ditadura militar fabricava suas mentiras para forjar justificativas sobre seus crimes. De outro, é nítido como o Estado brasileiro, mesmo depois da Constituição de 1988, contribuiu para a impunidade sobre os desaparecimentos. O Brasil não fez uma transição da ditadura para a democracia buscando justiça às vítimas do período.

Se o STF avaliar o mérito do processo contra os acusados pelo homicídio de Rubens Paiva, a Corte terá que apreciar a argumentação do MPF de que o desaparecimento forçado do ex-parlamentar configura um crime contra a humanidade, imprescritível e não passível de nenhuma anistia – posição já consolidada no ordenamento jurídico internacional para casos semelhantes. Assim, tramitaram casos na Argentina e no Chile, por exemplo. Obter o reconhecimento de que o assassinato de Rubens Paiva é um crime contra a humanidade é a mais recente estratégia jurídica adotada no Brasil pelos setores que lutam pela responsabilização dos militares no duelo contra a interpretação feita atualmente da Lei de Anistia.

Em 2010, por meio da Arguição de Descumprimento de Preceito Fundamental nº 153 (ADPF), discussão solicitada pela Ordem dos Advogados do Brasil (OAB), o STF avaliou a constitucionalidade da

Lei de Anistia, de 1979, e decidiu mantê-la por 7 votos a 2. A lei, por outro lado, não descreve detalhadamente que crimes estão anistiados, assinala apenas que são os "crimes políticos ou conexos com estes". A partir disso, foram construídas interpretações, mas o STF nunca discutiu a anistia a crimes contra a humanidade, como o desaparecimento forçado. Justamente o caso de Rubens Paiva. É nesse espaço que o MPF quer abrir a discussão. A depender da decisão do STF, o processo sobre o assassinato do ex-deputado poderá "abrir a porta" do Judiciário para os demais casos de mortos e desaparecidos.

A possibilidade de ver esse julgamento me intrigou desde o dia em que acompanhei a leitura dos votos dos desembargadores, como repórter do jornal *O Dia*. A partir disso, me deparei com uma série de questionamentos. Como isso aconteceu e o que havia mudado? O histórico de decisões do Judiciário, em casos de vítimas da ditadura, era desfavorável à elucidação. Desde 2010, eu acompanhava como repórter os trabalhos de um grupo de procuradores do MPF e a resistência dos tribunais e outras instituições às iniciativas de abrir as investigações. A decisão do TRF-2 no caso Rubens Paiva tornou-se, assim, uma grata surpresa aos familiares e defensores de direitos humanos.

Muitos são os fatores que poderiam ter contribuído para a chegada daquele momento. Atua hoje no Poder Judiciário, por exemplo, outra geração de juízes e procuradores da República selecionados por concurso público. São mais jovens e com perfis multifacetados que criaram um ambiente, ainda que tímido, para o debate de questões antes impensáveis, como a responsabilização dos torturadores. Mas aquele 10 de setembro de 2014, porém, simbolizava também uma vitória dos parentes das vítimas da ditadura e o resultado de uma luta de mais de quatro décadas.

O ano de 2014 carregava a expectativa pela conclusão dos trabalhos da Comissão Nacional da Verdade e os detalhes das investigações sobre o desaparecimento de Rubens Paiva ocuparam manchetes de jornais, revistas e TVs ao longo de meses. Convocados para depor, os militares envolvidos passaram a falar. Depoimentos prestados por três ex-agentes da repressão à Comissão Nacional da Verdade e à Comissão Estadual da Verdade do Rio de Janeiro permitiram conhecer novos detalhes das circunstâncias em que Rubens Paiva foi preso e assassinado, além de alguns responsáveis pelo crime. Um quarto testemunho, porém, se destacou.

Na tarde do dia 25 de março de 2014, o tenente-coronel reformado do Exército, Paulo Malhães, chegou de cadeira de rodas à sede do Arquivo Nacional do Rio de Janeiro. Ao ver a cena da chegada de Malhães, aquele homem de barba levemente crescida no rosto, com um nariz grande, cabelo liso, pouco grisalho, escovado para trás e óculos de sol marrons, muitos se lembraram do ditador iraquiano Saddam Hussein. Foi a primeira aparição pública de Malhães após dois anos em que concedeu perturbadoras entrevistas a mim e ao jornalista Chico Otavio, então repórter especial do jornal *O Globo*.

As mais recentes tinham ocorrido na semana anterior à convocação da CNV. No dia 20 de março de 2014, em entrevista concedida a mim para o jornal *O Dia*, ele admitira ter coordenado uma operação para ocultar os restos mortais do ex-deputado, em 1973, além da participação em outros crimes. Dias antes, em 16 de março, ao jornal *O Globo*, ele também dera um relato do episódio, mas pediu anonimato. As minúcias da confissão ganharam repercussão em jornais nacionais, rádios e televisões.

Assim, no calor desses acontecimentos, a CNV decidiu convocá-lo para depor na audiência pública – que acompanhei pessoalmente – marcada no Rio de Janeiro para tratar da pesquisa sobre a "Casa da Morte de Petrópolis". Mesmo avesso a fotografias e aparições públicas, o oficial compareceu para falar sobre o período em que trabalhou no Centro de Informações do Exército (CIE) durante a ditadura militar. Ao longo de duas horas, o tenente-coronel discorreu sua versão sobre uma série de episódios, confessando inclusive sobre a técnica que utilizava para ocultar cadáveres e evitar que corpos fossem posteriormente identificados. Em uma espantosa frieza, ele revelou como retirava arcadas dentárias e partes dos dedos de suas vítimas para destruir as digitais. No entanto, naquela tarde, Malhães recuou sobre a confissão a respeito do desfecho dos restos mortais de Rubens Paiva.

Um mês depois dessa aparição pública, em abril, Malhães foi assassinado em um assalto em seu sítio. Como repórter, também acompanhei esse trabalho e a conclusão do inquérito policial foi de latrocínio, sem relação com o passado do militar. Porém, durante as investigações, o MPF procedeu uma busca e apreensão na residência do militar e localizou documentos importantes para finalizar a denúncia contra os acusados pela morte de Rubens Paiva.

Nesse período, também acompanhei as dificuldades encontradas tanto pela CNV como pelo MPF, para a realização dos trabalhos de apuração em torno dos casos de vítimas de graves violações de direitos humanos. Verifiquei o cotidiano dos problemas nas buscas por arquivos, as incertezas sobre as convocações de militares para audiências públicas e as tensões que envolviam as instituições que trabalhavam com os mesmos objetivos.

O desaparecimento do ex-parlamentar foi frequentemente tratado como um dos crimes "emblemáticos" cometidos no auge das ações de repressão política na ditadura militar. Sem risco de cometer exageros, Paiva realmente foi a vítima que mais teve sua história contada e repetida publicamente. Ex-deputado federal e integrante do Partido Trabalhista Brasileiro (PTB) do presidente deposto João Goulart, ele também teve o mandato cassado pelos militares após o golpe de 1964. Apesar da perseguição política, Paiva não integrava regularmente nenhuma organização que recorrera a ações armadas. Influente no mundo político e social, um crime contra ele mobilizou setores da sociedade da época.

A notoriedade pública dele, porém, não seria suficiente para que o Judiciário brasileiro, tão conservador sobre o tema, decidisse pela abertura do processo quatro décadas depois. No entanto, a riqueza de fatos descritos nos autos do processo de homicídio contra o ex-deputado era contundente – peça talvez crucial para os magistrados. Desse modo, é provável que, somado ao lugar social de Paiva, o grau de detalhes conquistado na apuração das circunstâncias da morte do ex-parlamentar tenha influenciado. No Judiciário, não é possível processar acusados por um crime sem a obtenção de provas.

A partir disso, passei a estudar detalhadamente todas as iniciativas realizadas pelo Estado brasileiro e pela família Paiva em busca do esclarecimento da morte do ex-deputado. A luta dos familiares era contínua, mas a formalização das investigações por órgãos e agentes estatais não era. Dessa forma, foi possível identificar os inúmeros esforços para conhecer e também para impedir que o crime contra a vida de Rubens Paiva fosse esclarecido.

Com diferentes objetivos e em distintos contextos, foram realizados quatro procedimentos de apuração sobre o crime, a saber: Sindicância do Exército (1971); inquérito na Polícia Federal (1986) depois transformado em Inquérito Policial-Militar e conduzido pelo Exército (1987); pesquisa da Comissão Nacional da Verdade e da Comissão da Verdade do Rio (2012-2014); e investigação do Ministério Público Federal (2012-2014). Todos esses trabalhos foram feitos por instituições do Estado e reuniram informações sobre a prisão e o desaparecimento de Rubens Paiva.

Além disso, também estudei alguns períodos específicos da luta da família Paiva – primeiro por informações sobre o paradeiro do ex-deputado, e depois por justiça. Desde o momento do desaparecimento até hoje, a família empreendeu um papel único em diversas ações independentes na busca por saber o que aconteceu com o ex-parlamentar, sem nunca deixar de cobrar o Estado por sua responsabilidade sobre o sequestro. Eunice Paiva fez inúmeros esforços junto ao Conselho dos Direitos da Pessoa Humana, entre 1971 e 1979.

Algumas reportagens marcaram a história do caso pela relevância das informações levantadas. São trabalhos do *Jornal do Brasil,* em 1978, da revista *Veja,* em 1986, e dos jornais *O Dia* e *O Globo,* em 2014. Nessas quatro décadas, o trabalho investigativo de um grupo de jornalistas, que se debruçou sobre o assunto em diferentes épocas, atuou de modo complementar aos órgãos oficiais, muitas vezes impulsionando ações dos investigadores responsáveis.

Por isso, inicio abordando a Sindicância do Destacamento de Operações e Informações, em 1971. O I Exército produziu uma série de ofícios para documentar uma suposta ocorrência, segundo a qual Rubens Paiva teria "fugido", em uma dita diligência no Alto da Boa Vista. Para justificar a ausência do ex-deputado entre os presos do quartel, uma vez que ele havia sido assassinado, os militares divulgaram que o ex-parlamentar fora "resgatado" em uma "operação" conduzida por organizações da "luta armada". Esse conjunto documental, localizado no acervo do Serviço Nacional de Informações, foi utilizado posteriormente para respaldar a versão exposta publicamente e responder às solicitações de informação da família feitas ao Superior Tribunal Militar à época. Mais tarde, esses documentos ajudaram a identificar quem foram os responsáveis pela prisão, assassinato e ocultação do cadáver de Rubens Paiva.

Ao longo da obra, também registrei a luta de Eunice Paiva, em especial no Conselho dos Direitos da Pessoa Humana. Como mencionado, desde o começo, foi da família, e principalmente dela, o protagonismo nessa busca. O processo movido por Eunice no Conselho simboliza os cerceamentos existentes desde 1971.

Apesar das travas impostas às tentativas de Eunice Paiva, toda a movimentação foi decisiva para uma série de acontecimentos que culminaram com a abertura do primeiro inquérito sobre o desaparecimento de Rubens Paiva. Em 1986, já no governo de José Sarney, o então ministro da Justiça, Paulo Brossard, determinou a abertura do procedimento de apuração na Polícia Federal. O inquérito, no entanto, só foi efetivamente aberto após uma entrevista do psiquiatra Amílcar Lobo à revista *Veja*. Tenente-médico da reserva, Lobo havia trabalhado no DOI-CODI, em 1971, e declarou ter atendido um homem em péssimas condições físicas que se identificou como Rubens Paiva.

Após alguns depoimentos, todos monitorados pelos SNI, conforme documentação inédita localizada para este livro no acervo do órgão, o delegado responsável declinou da competência e o inquérito foi enviado ao Exército, que finalizou o procedimento informando não confirmar a existência do crime. Rubens Paiva já estava desaparecido desde janeiro de 1971, mas o Exército não conseguiu confirmar o crime. Três procuradores do Ministério Público Militar tiveram uma atuação essencial para que o caso ao menos tivesse alguma sequência, com respaldo também do juiz auditor Oswaldo Lima Rodrigues Junior, da Justiça Militar. No entanto, a cúpula do MPM foi modificada em meados de 1987, e o caso foi novamente arquivado pelo novo procurador-geral da Justiça Militar, Eduardo Pires, irmão do então ministro do Exército, general Leônidas Pires Gonçalves, ex-chefe do DOI-CODI do Rio de Janeiro.

Por fim, os momentos decisivos mais recentes do caso ocorreram durante os trabalhos realizados pela Comissão Nacional da Verdade, Comissão Estadual da Verdade do Rio de Janeiro e pelo Grupo de Trabalho de Justiça de Transição (GT-JT) do MPF. Entre 2012 e 2014, em outro contexto histórico, político e social, surgiram depoimentos de militares que trabalharam no DOI-CODI do Rio na época e documentos que permitiram identificar, enfim, alguns dos militares responsáveis pela morte de Rubens Paiva. Essas pesquisas, porém, enfrentaram novamente resistência das Forças Armadas.

Neste livro, procurei recompor o quebra-cabeça do homicídio de Rubens Paiva e dos responsáveis por proteger os assassinos ao longo dos anos. Foi nesse labirinto que a família Paiva teve seus pedidos cerceados por pressões difíceis de individualizar e por sujeitos "indeterminados". Ao estudar esses movimentos, entendi que estava inicialmente percorrendo o caminho da busca de Eunice Paiva pelo paradeiro de seu marido, transformada depois em uma guerra contra o esquecimento – ou um eterno pedido pelo direito à justiça.

Capítulo 1

Onde está Rubens Paiva?

O processo aberto em maio de 2014 na Justiça Federal do Rio de Janeiro contra cinco militares acusados pela morte e ocultação do cadáver do ex-deputado federal Rubens Beyrodt Paiva, em 1971, tornou-se, para os familiares das vítimas da ditadura militar, uma das maiores vitórias conquistadas no Judiciário desde o início da redemocratização. Foi a primeira vez, em quase 30 anos, que um juiz federal aceitou uma denúncia criminal do Ministério Público Federal por um homicídio cometido durante o período da ditadura.

As primeiras vitórias de familiares de mortos ou desaparecidos políticos ocorreram no âmbito cível, em ações declaratórias de responsabilidade da União em casos de morte sob tortura ou desaparecimentos. Clarice Herzog iniciou o processo em 1976, um ano após o assassinato do marido, o jornalista Vladimir Herzog. Em 1978, a 7ª Vara Federal de São Paulo aceitou o pleito e condenou o Estado pela morte de Vlado, como era carinhosamente chamado. Em 1987, Dilma Borges Vieira, viúva de Mário Alves, ex-dirigente do Partido Comunista Brasileiro (PCB) e do Partido Comunista Brasileiro Revolucionário (PCBR), conseguiu que a União fosse declarada responsável pelo desaparecimento do marido, em janeiro de 1970. A ação foi movida a partir de depoimentos de presos que ouviram seu suplício no quartel da Polícia do Exército, na Rua Barão de Mesquita, em 1970 – mesmo local em que seria instalado o DOI-CODI do Rio de Janeiro alguns meses depois.

Nos anos 2000, em uma abordagem mais direta aos militares envolvidos nos crimes, a família Teles moveu uma ação declaratória, também no âmbito da Justiça Cível, contra o coronel reformado Carlos Alberto Brilhante Ustra, ex-comandante do DOI-CODI de São Paulo. Assim, ele foi oficialmente reconhecido como torturador pelo juízo. Nos mesmos moldes, a família Merlino conseguiu obter uma indenização de Ustra, por danos morais, pela morte do jornalista Luiz Eduardo da Rocha Merlino. A vitória em primeira instância ocorreu em 2012, mas o militar recorreu e morreu em 2015, antes da decisão do recurso.

As denúncias criminais, no entanto, sempre encontraram como barreira a interpretação vigente da Lei de Anistia. Além disso, em 1982, familiares de desaparecidos na Guerrilha do Araguaia iniciaram um processo também civil por informações sobre seus familiares e acesso a documentos de missões militares na região. Como mencionado, apenas em 2001 saiu a decisão favorável para os parentes das vítimas, mas a sentença nunca foi cumprida, o que resultou na denúncia e condenação do Brasil na Corte Interamericana de Direitos Humanos, em 2010.

Em todos os casos citados, ficou nítido como a busca por algum tipo de responsabilização precisou de estratégia bem formulada para contornar a interpretação vigente da Lei de Anistia. O processo de apuração dos crimes não ocorreu de modo regular como o previsto no Código de Processo Penal desde 1941, que determinava a instauração de inquérito policial em caso de homicídio ou sequestro. Sobretudo nos casos de desaparecidos, não houve na época investigação alguma.

De modo geral, as únicas iniciativas que deixam registro são cobranças das famílias, em especial dos que foram sequestrados e desapareceram, que resultaram na ocasião em pedidos de informações sobre a localização do familiar ou o registro de prisão junto às Forças Armadas e ao Superior Tribunal Militar (STM). É a ausência e/ou a sonegação de informações dos órgãos oficiais durante a ditadura militar que vai complexificar a questão e, pouco a pouco, transformar a busca pelo paradeiro na construção de uma luta coletiva por direitos e justiça, desde a ditadura até os dias atuais.

No caso do ex-deputado federal Rubens Paiva, os contornos são um tanto distintos da maioria dos casos, já que uma versão oficial foi divulgada pelos militares – a despeito do quão absurda a história já aparentava ser à época. O I Exército informou que o ex-parlamentar teria sido "resgatado" por uma organização da "luta armada" quando estava em uma diligência com militares. Foram necessárias mais de quatro décadas para desconstruir essa versão com provas e testemunhas e se aproximar do que realmente aconteceu com Rubens Paiva após sua prisão. O desaparecimento do ex-deputado está inserido no contexto de um dos períodos mais violentos de toda a ditadura militar: o período no qual o general Emílio Garrastazu Médici esteve no poder, entre 1969 e 1974.

A prisão de Rubens Paiva

Eleito em 1962 deputado federal pelo Partido Trabalhista Brasileiro (PTB), Paiva desempenhou um importante papel no Congresso Nacional antes do golpe militar. Ele foi vice-presidente da Comissão Parlamentar de Inquérito (CPI) que apurou irregularidades no Instituto Brasileiro de Ação Democrática (Ibad), núcleo oposicionista ao governo de João Goulart. A atuação fez com que ele se tornasse um dos primeiros alvos da ditadura e tivesse o mandato cassado no dia 10 de abril de 1964 – logo depois da derrubada do governo João Goulart. O clima de perseguição política no país fez com que ele partisse para um período de exílio na Europa. Ao voltar, alguns meses depois, retomou o trabalho como engenheiro civil, primeiro em São Paulo e depois no Rio de Janeiro[1].

Apesar de ter se afastado da política partidária, Paiva estava atento ao recrudescimento violento da ditadura. Os filhos contam que a casa da família abrigou, em ocasiões diversas, militantes de grupos armados perseguidos por agentes da repressão. Eunice Paiva contou em entrevista ao jornalista Jason Tércio que o marido ajudou na fuga de Helena Bocayuva, ligada ao MR-8 e que tinha participado do sequestro do embaixador norte-americano em 1969:

> A história da fuga da Heleninha para o Chile começou quando a mãe dela pediu ao Rubens para ajudá-la a fugir. O Rubens se arriscou providenciando a viagem clandestina dela para o Chile. Depois ela ficou telefonando do Chile para a nossa casa, para falar com o Rubens, por causa da história do filho dela. O Rubens conseguiu que ela saísse pelo Uruguai ou Argentina, não sei. Foi isso que o Rubens fez. Só. Fez isso como amigo da família. E depois que ela chegou lá, ficava ligando para o Rubens, porque estava com saudade do filho dela[2].

Em 20 de janeiro de 1971, um grupo de militares da Aeronáutica foi à casa da família no Leblon, bairro da zona sul da capital fluminense, e prendeu Paiva. Era o feriado do dia do padroeiro do Rio de Janeiro, São Sebastião. O casal morava com os filhos em uma casa de frente para a praia. Antes dos militares chegarem, Paiva recebeu uma ligação de Marilene Corona, presa também por agentes da Aeronáutica e forçada a ligar para um número escrito em um dos envelopes das cartas que trazia do Chile. Pouco tempo depois, a residência da família Paiva foi invadida por militares armados.

Com paciência e tranquilidade, Paiva convenceu os militares a permitirem que ele trocasse de roupa e dirigisse o próprio automóvel até o local onde prestaria depoimento. Antes de sair de casa, escoltado por agentes desconhecidos, ele tentou acalmar a mulher, Eunice, e quatro dos cinco filhos que despertavam. Passava pouco do meio-dia quando o ex-parlamentar começou a guiar seu carro, um Opel Kadet, pela Avenida Delfim Moreira rumo à 3ª Zona Aérea, no Aeroporto Santos Dumont. A família permaneceu em casa, vigiada por uma equipe de militares.

Paiva foi conduzido primeiramente à 3ª Zona Aérea do Aeroporto Santos Dumont, para um interrogatório e acareação com duas mulheres que retornavam do primeiro voo oriundo de Santiago do Chile após a libertação de 70 presos políticos trocados pelo embaixador suíço Giovanni Buncher. Parentes de exilados, elas carregavam cartas que tinham Paiva como destinatário. Poucas horas mais tarde, ainda no mesmo dia, ele foi levado ao DOI-CODI do I Exército no Rio de Janeiro, e nunca mais foi visto com vida.

No dia seguinte, sem prestar informação alguma sobre Rubens Paiva, os militares decidiram levar sua mulher e a filha Eliana, de apenas 15 anos, para a sede do DOI-CODI do Rio, na Rua Barão de Mesquita, na Tijuca. Eliana ficou presa durante 24 horas, e Eunice, por 12 dias. Rubens Paiva não foi visto por elas na prisão.

Nesse contexto, Rubens Paiva e sua família sofreram com o que seria o auge da organização do sistema violento da repressão política, já organizado, e o extremo do combate à chamada "guerra ao comunismo". Nesse período, já ocorriam os chamados "desaparecimentos". Os opositores eram sequestrados por militares, que muitas vezes não registravam suas prisões, e eram torturados até a morte. Depois, os agentes ocultavam os corpos dos prisioneiros em sepultamentos clandestinos, entre outros métodos. O primeiro caso que se teve notícia foi justamente de um dos líderes do sequestro do embaixador norte-americano: Virgílio Gomes da Silva, dirigente da ALN.

Mas havia uma singularidade no caso de Rubens Paiva. Ele não era integrante dos grupos armados, como Virgílio. Paiva era um homem branco, da elite política, social e econômica do país e foi preso diante da família. Além de tudo, estava desarmado. Assim, o desgaste para o DOI-CODI ou mesmo para o próprio Exército em admitir que um ex-deputado federal tinha morrido dentro de uma de suas unidades seria imenso. As consequências disso, inclusive internacionais, eram incalculáveis. Diante de tal impossibilidade, os militares envolvidos precisavam fabricar uma história diferente porque, como descreveu Elio Gaspari, "o DOI dispunha do receituário de lorotas para explicar as mortes de presos na Barão de Mesquita, mas nenhuma delas servia".

Diferente de outros assassinatos[3] ocorridos na unidade e que foram descaracterizados como tal, o ex-parlamentar fora preso em casa, saudável e sem resistência. Ou seja, sua prisão não se encaixava para o uso das versões usuais dos órgãos da repressão, como tiroteios e suicídios – além de que não era possível negar que ele tivesse sido levado sob custódia militar. Havia diversas testemunhas em sua casa no momento em que ele fora levado pelos agentes.

Assim, os militares entenderam que precisavam forjar uma explicação para o desaparecimento do ex-deputado depois da prisão. Na tentativa de criar uma história para justificar a ausência de Rubens Paiva da prisão sem, no entanto, assumir seu assassinato, o Exército produziu a versão de uma suposta fuga durante uma diligência policial.

Dois dias depois da prisão, a versão divulgada foi a de que Rubens Paiva teria fugido dos militares durante uma diligência policial, conforme reportagem de *O Estado de S. Paulo* de 19 de junho de 1971. E, para documentar a história divulgada na imprensa, os militares instituíram uma Sindicância no DOI do I Exército. Segundo a versão das Forças Armadas dada ao jornal *Tribuna da Imprensa*, Paiva teria sido resgatado por um grupo armado quando era conduzido por três militares durante um reconhecimento no Alto da Boa Vista. Para tentar simular algum respaldo a essa versão, o Exército ainda produziu, entre janeiro e fevereiro de 1971, uma apuração sobre o momento em que ocorreu a "fuga" por meio de uma sindicância.

Uma cópia da Sindicância integra atualmente o acervo do extinto Serviço Nacional de Informações (SNI), principal órgão de inteligência criado na ditadura para assessorar a Presidência da República. Depois da implementação da Lei de Acesso à Informação, apenas em 2012, o acervo que estava sob a guarda da Agência Brasileira de Inteligência foi repassado ao Arquivo Nacional em Brasília e aberto à consulta pública. É necessário ressalvar que no meio dessa mudança da Abin para o AN, em 2005, o acervo sofreu perdas de documentos, como registram familiares de presos políticos, pesquisadores e jornalistas[4]. Mesmo assim, o volume do acervo é muito extenso e às vezes possui mais de uma cópia do mesmo documento. Assim, encontrei o conjunto documental da Sindicância no acervo do SNI, por meio da busca por palavra-chave do nome de Rubens Paiva.

Essa documentação estava anexada à informação nº 3746 da Agência Central do SNI, de 5 de outubro de 1979, classificada como "confidencial". O SNI produziu uma ficha de distribuição de documentos após uma remessa de dados do Centro de Informações do Exército na mesma data e com o assunto denominado "Rubens Beyrodt Paiva". O pedido da Agência Central do SNI foi feito ao CIE por telex em 1/10/1979. Assim, presume-se que o CIE tinha cópia da Sindicância e a enviou ao SNI.

As datas registradas no documento são posteriores à morte do ex--parlamentar, mas coincidem com o período em que a família de Rubens Paiva lutava para abrir uma investigação sobre seu desaparecimento – já no período João Figueiredo, em 1979. Nessa época, também estava em debate a implementação da Lei de Anistia, aprovada em agosto de 1979. Até 2012, quando ocorreu a liberação de consulta da documentação, outros órgãos diziam que o documento estava perdido.

No conjunto localizado por mim no Arquivo Nacional, é perceptível ainda que, por alguma razão não identificada nos ofícios, o SNI queria cópia exclusivamente da investigação e, além disso, o CIE mantinha um dossiê de ao menos 120 páginas sobre Paiva, embora não seja possível saber o conteúdo restante, porque o anexo apresenta cópia apenas desse trecho. No campo anexo, foi informado que o CIE enviou as "fotocópias numeradas de 0090 a 0095 e de 0097 a 0122". Ressalte-se que todas as páginas copiadas apresentam carimbos do CIE seguidos de uma rubrica ilegível.

Os documentos permitem observar que princípios da instituição militar, como o zelo pela hierarquia, também são apresentados na formalização da burocracia, o que demonstra uma sofisticada organização interna para a promoção da repressão política. Embora existam limites evidentes nesses registros, uma vez que eles jamais descreveram, por exemplo, a tortura em seus interrogatórios, esses ofícios documentaram a instituição e formalizaram suas ações. Assim, após o fim da ditadura, eles apresentaram caminhos para pesquisar o desaparecimento de Rubens Paiva por meio da história dessa documentação. A compreensão da estrutura de produção dos documentos de governos repressivos permite utilizá-los como prova dos abusos cometidos.

É essa lógica que, aplicada ao caso Rubens Paiva, auxilia na reunião de dados ignorados ao longo das investigações desde os anos 1970. A tentativa de documentar uma falsa versão de fuga para justificar a ausência do ex-parlamentar no DOI-CODI ou no Centro de Informações de Segurança da Aeronáutica fez com que uma série de militares e órgãos se envolvessem na produção de arquivos sobre o caso. Décadas depois, a iniciativa mostrou-se reveladora de um caminho para a elucidação do caso, com testemunhas e provas documentais.

Sem esses documentos seria mais difícil ou até impossível saber quem, por exemplo, trabalhava no DOI-CODI na noite em que Rubens Paiva entrou nas instalações, e as novas investigações mostram que a maioria dos militares ligados à fabricação da história da fuga está igualmente envolvida na morte do ex-deputado. Em 1971, a justificativa oficial pretendia produzir silêncios sobre o crime, fabricar uma ideia de legalidade e dar legitimidade à versão dos militares. A partir da retomada das investigações em 2012, a Sindicância se transformou em peça-chave para o MPF.

A Sindicância

A maneira como o Exército procedeu frente à necessidade de justificar a ausência de Rubens Paiva dentro das instalações militares é outra observação inicial importante sobre o modo como a instituição quis construir sua versão. Todos os servidores públicos, incluindo os militares, estão regidos por uma série de normas das instituições, e a Sindicância seria, assim, o meio pelo qual irregularidades são averiguadas. É uma instância administrativa e não criminal, o que também difere a Sindicância de um Inquérito Policial Militar.

Outra possibilidade de investigação, com caráter criminal, seria o IPM. O procedimento ficou definido no Código de Processo Penal Militar, vigente desde 1969, como a apuração sumária de fato que, "nos termos legais, configure crime militar, e de sua autoria. O IPM tem o caráter de instrução provisória, cuja finalidade inicial seria a de encontrar elementos necessários para uma futura ação penal. Pela escolha do procedimento, presume-se que o Exército procurou afastar desde o início a possibilidade de existência de um crime, mesmo durante a suposta apuração. Caso admitissem alguma gravidade, os militares teriam instaurado um IPM. Para se ter ideia, o Exército só abriu um inquérito sobre o caso a mando da Justiça Militar, em 1986, já a partir de pressões do novo governo civil após o fim do período Figueiredo.

O processo de Sindicância foi iniciado, oficialmente, no dia 27 de janeiro de 1971, a pedido do então comandante do I Exército, general Syseno Sarmento, e enviado ao major Ney Mendes. É fundamental observar que a escolha do oficial que conduziu o procedimento não fica clara nos documentos, nem seu cargo. Em todas as vezes que o militar assina os documentos, ele se apresenta apenas como o condutor da Sindicância. Esses detalhes sugerem que ele integrava um dos serviços de Inteligência e era uma prática comum que esses cargos ficassem ocultos dos registros justamente para aumentar o sigilo. A dedução do posto do major Ney Mendes é reforçada porque, nos ofícios, o cabeçalho de apresentação da instituição sempre registra "Quartel General do I Exército", e no repasse de documentação do chefe do CODI, major Francisco Demiurgo Santos Cardoso, a indicação de destinatário é o chefe da 2ª Seção do Estado Maior do I Exército – o serviço de inteligência reservado do I Exército[5].

Outro marco foi a motivação do início da Sindicância. Apesar da ordem do general Syseno Sarmento, a origem pode não ter sido exatamente uma iniciativa exclusiva do Exército. A primeira página do conjunto documental é o pedido de *habeas corpus* protocolado no STM pelo advogado Lino Machado, em 25 de janeiro de 1971 – cinco dias após a prisão de Paiva. Como apontou Denise Dourado Dora, a partir do relato do advogado Nilo Batista, o AI-5 suspendeu o efeito de liberdade provisória de crimes políticos, mas passou a funcionar como uma espécie de GPS, uma ferramenta para tentar localizar o preso, muitas vezes salvando vidas. Outras noventa e seis horas (quatro dias) se passaram, apesar do carimbo de urgente, até que o diretor-geral do STM na época, Norival da Costa Guimarães, encaminhasse um ofício ao comandante do I Exército, responsável pela Polícia do Exército no Rio, solicitando informações sobre a situação do ex-deputado – sem questionar ou mencionar a prisão e a falsa fuga de Rubens Paiva já noticiada por diferentes veículos de comunicação[6]:

> De ordem do Exmo. Sr. Ministro Brug Grun Moss, relator do habeas corpus número 30381, impetrado em favor de Rubens Beyrodt Paiva, preso e recolhido no 1º Batalhão da Polícia do Exército, à disposição de V. Exa., desde o dia 20 de janeiro do corrente ano, solicito informações detalhadas sobre a situação do referido paciente[7].

Somente em 3 de fevereiro o general de brigada Carlos Alberto Cabral Ribeiro, chefe do Estado Maior do I Exército, respondeu à solicitação com um documento de uma página. Nas 15 linhas em que relatou o caso, o comandante negou a prisão e fez uma ligeira menção à divulgação da versão oficial sobre a fuga que, segundo ele, era alvo de investigação.

Foi a partir desse momento que o Estado, por meio do I Exército, tratou oficialmente do caso como uma fuga, produzindo a primeira referência à suposta investigação promovida pelo Exército. Só então foi juntada a documentação, que mostra o pedido do general Syseno Sarmento para investigação do caso já em 27 de janeiro – dois dias após o pedido de *habeas corpus*. Ao mesmo tempo que o pedido de *habeas corpus* foi protocolado e ocorria a movimentação jurídica entre STM e o I Exército, o DOI-CODI já tinha um plano em ação. Nessa data, o comandante do Pelotão de Investigações Criminais da Polícia do Exército (PIC-PE), tenente Armando Avólio Filho, já "realizara uma perícia" na viatura supostamente incendiada durante a fuga. Segundo o oficial relata no "Laudo de exame pericial em viatura incendiada", ele e outro sargento compareceram às 6h30 de 22 de janeiro, na estrada no Alto da Boa Vista, onde ocorreu a falsa fuga, e procederam a exames de local, de objetos encontrados nas imediações, de marcas e vestígios e de outros elementos. A "perícia" apontou 18 perfurações à bala no automóvel e fez a seguinte observação:

> As perfurações acima relatadas apresentam-se com as bordas voltadas para o interior, comprovando-se com isso a dinâmica de tiro de fora para o interior do veículo. Foram ainda encontrados no local estojos deflagrados de munição calibre .45[8].

Na análise do evento, o tenente Avólio descreveu que o carro era conduzido pelo capitão Ronaldo, acompanhado dos sargentos Jacy e Jurandyr Ochsendorf e Souza, além de Rubens Paiva. Em determinado momento, o Volkswagen do DOI, que ia no sentido Barra da Tijuca-Cidade, foi "interceptado por terroristas", que disparam contra o veículo:

> A gasolina do veículo ao ser atingido pelas centelhas produzidas pela fricção dos projéteis em seu tanque reservatório incendiou-se e o fogo banhou todo o veículo. Esta dinâmica foi balizada pelos peritos, tendo em vista as entradas e saídas dos projéteis, porém não se pode ter como verídica, esta somente poderá ser dada pelos senhores peritos criminais[9].

No questionamento de todos os pontos do acidente, o perito do caso, sargento Lúcio Eugênio de Andrade, atestou que o incêndio ocorreu de modo acidental e que foram os tiros a razão do início do fogo. O laudo continha ainda um mapa do local onde ocorreu o incidente e 11 fotografias que abrangem tanto uma visão geral do local quanto dos tiros no automóvel. A suposta perícia foi finalizada no mesmo dia: 22 de janeiro de 1971.

O major reuniu o relatório pericial e então informou a tomada dos depoimentos dos três integrantes da equipe do DOI que estavam na diligência. Chama a atenção o fato de os depoimentos em si não serem apresentados. O responsável pela sindicância simplesmente produziu uma conclusão a partir de oitivas que não foram anexadas. Ele reproduziu a versão dos agentes sobre a fuga sob tiroteio e foi juntada à perícia do comandante do PIC.

A conclusão, apresentada em 11 de fevereiro, entregou o que a ditadura precisava: uma história qualquer com uma pilha de papéis que podiam ser repassados adiante. Não importava a falta de sustentação. A burocracia faria o resto. Assim, a sindicância concluiu que não foi verificada a responsabilidade dos militares, e informou que ainda estavam sendo realizadas investigações para identificar os autores do "atentado" e a localização de Rubens Paiva. Ao final, o major também anexou cópias dos jornais que noticiaram a versão do Exército. De posse dessa documentação, o STM negou alguns dias depois o *habeas corpus*, e meses mais tarde arquivou o caso.

O uso da imprensa censurada

O período em que ocorreu o crime contra Rubens Paiva, auge da repressão política, também coincidiu com um dos momentos mais agudos do emprego da censura. Não era permitida a publicação de nenhuma crítica direta a alguma operação militar ou a um ato da ditadura. Contudo, é importante afirmar que logo nos primeiros dias que sucederam o golpe militar, em 1964, ocorreram diversas prisões arbitrárias, cassações e até assassinatos. Na imprensa, jornalistas foram presos ou perseguidos e redações de jornais foram invadidas por militares que buscavam controlar o conteúdo veiculado. O jornal *Última Hora*, de Samuel Wainer, conhecido por sua proximidade com Getúlio Vargas e com o PTB – o partido de Rubens Paiva –, chegou a ser incendiado em abril de 1964, e o *Correio da Manhã* foi fechado em 1974.

De acordo com Carlos Fico, à medida que a ditadura foi se institucionalizando, os profissionais da imprensa passaram a ter que conviver com a figura do censor por meio de telefonemas e bilhetes, mas a ditadura se esforçava para esconder essa atuação. O controle de conteúdo só ganhou contornos mais visíveis a partir do AI-5.

Para Beatriz Kushnir, o aparato legal para o uso da censura à imprensa ainda não estava completamente construído. A autora descreveu que a Lei 5.250, de 1967, conhecida como Lei de Imprensa, foi editada de modo a descrever, já em seu artigo 1º, que a veiculação de informações não dependia da censura, mas seu parágrafo 2º fazia previsão desse recurso autoritário em caso de decretação de estado de sítio. Os militares não chegaram a decretar oficialmente o estado de sítio, mas o parágrafo 2º vigorou após dezembro de 1968.

Um exemplo prático foi o que ocorreu ainda na noite em que o ato foi anunciado, 13 de dezembro de 1968, quando as redações de jornais no Rio de Janeiro receberam um "manual de comportamento". No documento, fornecido à autora pelo jornalista Elio Gaspari, foi possível identificar cerceamento à veiculação de notícias sobre estudantes, greves e "atividades subversivas". Além disso, havia proibições expressas a críticas sobre atos institucionais e complementares, entre outros. Ainda assim, apesar de a censura prévia ocorrer cotidianamente sem uma regulação legal direta da ditadura, Maria Aparecida de Aquino apontou que o decreto-lei nº 1.077, de 26 de janeiro de 1970, foi a tentativa mais concreta de regulamentação do exercício da censura prévia. Era o primeiro ano do general Emílio Garrastazu Médici no poder.

Para lembrar como a perseguição e o controle eram intensos já no período 1964-1968, Aquino citou a prisão do jornalista Hélio Fernandes na

Ilha de Fernando de Noronha, em Pernambuco, após críticas ao ex-presidente Castello Branco, quando de sua morte em 1967. Fernandes também teve seus direitos políticos cassados durante dez anos.

Foi nesse contexto que os militares divulgaram a sua versão sobre o paradeiro de Rubens Paiva, em cadeia nacional na manhã de sexta-feira, 22 de janeiro de 1971. Os jornalistas foram avisados de uma ocorrência policial por comissários da 19ª Delegacia de Polícia. A versão publicada nos impressos do dia seguinte foi a de que três militares saíram com um preso para uma diligência. No caminho, quando a viatura descia pela Avenida Edson Passos, no Alto da Boa Vista, zona norte do Rio de Janeiro, o automóvel foi interceptado por dois carros com "terroristas" que teriam atacado os militares. Durante a troca de tiros, o prisioneiro conseguiu atravessar a rua e fugir com os "terroristas".

Como registrou o escritor Marcelo Rubens Paiva, filho do ex-parlamentar assassinado, os telejornais do dia 22 também fizeram matérias sobre o assunto sem citar o nome completo do "preso resgatado". No dia seguinte, 23 de janeiro, ao menos cinco jornais impressos deram a notícia: *O Globo, Jornal do Brasil, O Jornal, O Dia* e *Tribuna da Imprensa*. No entanto, cada veículo tratou o tema de um modo. E como ocorreu um erro, proposital ou não, no nome registrado no boletim de ocorrência, os impressos noticiaram que o "fugitivo" era um homem chamado Rubens Seixas.

Ao mesmo tempo, o restante das características identificava o ex-deputado, já que o próprio boletim da polícia informava tratar-se de um "político cassado" que havia poucos dias fora preso em casa, na zona sul do Rio de Janeiro. Marcelo Rubens Paiva relata que, no dia 25 de janeiro, a *Tribuna da Imprensa*, pertencente a Hélio Fernandes, o mesmo que foi preso por criticar Castello Branco e era amigo da família Paiva, divulgou:

> O "Terror" havia resgatado "o subversivo Rubens Beyrodt de Paiva" na Avenida Edson Passos, "imediações da Usina". Era a senha para os amigos. Rubens foi internado. Usou a linguagem que satisfazia a ditadura, era aprovada pelo censor, que passava o dia na redação. E passou o recado. Esse cara de quem estão falando é o Rubens. Estão falando que ele fugiu dois dias depois de ser preso. Aí tem...

Era praxe da ditadura militar a recusa em admitir irregularidades em suas instalações e a negativa, a despeito de todas as denúncias e provas, do emprego de tortura nos interrogatórios. Uma das primeiras confissões públicas do emprego de tortura nos quartéis durante a ditadura ocorreu apenas nos anos 1990, e foi feita pelo general e ex-presidente da República Ernesto Geisel, que esteve no poder de 1974 a 1979. Em entrevista aos pesquisadores Celso Castro e Maria Celina D'Araújo, Geisel afirmou que "não justifica a tortura, mas reconheço que há circunstâncias em que o indivíduo é impelido a praticar a tortura, para obter determinadas confissões, e assim evitar um mal maior".

Segundo a historiadora Angela Moreira Domingues da Silva, porém, em 1967 o general Ernesto Geisel havia sido designado pelo presidente Castello Branco para averiguar uma série de denúncias de maus-tratos a presos políticos. Silva diz que, após visitar algumas prisões, Geisel negou em relatório a existência dos fatos concretos para as acusações difundidas, e disse que os "presos políticos se encontravam sob tratamento tão humano quanto fosse possível nas instalações prisionais".

De modo geral, à época, os militares usavam a censura para segurar notícias negativas e controlar o acesso da população às informações. Mas, no caso de Rubens Paiva, a versão do Alto da Boa Vista foi usada para, em um primeiro momento, retirar o foco da prisão, redirecionando o fato para a suposta fuga. Depois, de algum modo, a divulgação da versão fabricada pelos militares auxiliou em uma espécie de contenção de possíveis críticas da opinião pública. Uma vez que Paiva tinha sido parlamentar e, apesar de ter tido o mandato cassado pela ditadura, não era integrante de grupos armados.

Outro aspecto singular desse caso foi que todas essas primeiras notícias do caso foram divulgadas enquanto Eunice Paiva estava presa, apesar de sua detenção não ter sido mencionada nas matérias. A mulher do ex-parlamentar foi detida no dia seguinte à prisão do marido, junto com a filha Eliana. Apenas no dia 26 de janeiro, o *Jornal do Brasil* publicou uma pequena nota informando que o STM julgaria um pedido de *habeas corpus* a Rubens Paiva e mencionou a prisão de Eunice e Eliana. O diário paulista *O Estado de S. Paulo* também noticiou o pedido de *habeas corpus* no dia 26, mas informou erroneamente que Eunice, além de Eliana, também tinha sido libertada.

O comportamento da imprensa nesse primeiro momento do caso não se estendeu além da cobertura noticiosa do julgamento do *habeas corpus*. O comportamento da imprensa mudou aos poucos ao longo da década, mas teve contornos decisivos para o caso do ex-parlamentar somente em 1978. No entanto, esses meros registros das versões oficiais, em 1971, foram usados junto com a Sindicância durante muitos anos para dar sustentação à narrativa dos militares sobre Rubens Paiva. Com o tempo, porém, toda a documentação da Sindicância cumpriu um papel fundamental: apontou um caminho para a busca das circunstâncias da morte de Rubens Paiva e dos envolvidos em sua prisão.

Capítulo 2

Eunice em luta

Foram diversos os tipos de violência empregados contra os opositores à ditadura militar brasileira. Mas como descreveram os organizadores do projeto Brasil Nunca Mais, os militares não se limitaram a matar, eles passaram a "desaparecer" com pessoas durante o período mais intenso de repressão política observado no Brasil. Como ficou registrado por Nilmário Miranda e Carlos Tibúrcio, não foi fácil definir e encontrar consenso sobre como denominar e classificar os casos de vítimas sequestradas por agentes do aparato de repressão e que jamais reapareceram. Também no *Dossiê Ditadura: mortos e desaparecidos políticos*, produzido pela Comissão de Familiares das vítimas da ditadura militar, ficou demonstrada essa dificuldade ao examinar cada caso.

As circunstâncias dos "desaparecimentos" ocorreram de modo diverso. Muitas dessas vítimas emitiram sinais sobre suas prisões ao não comparecerem a um encontro ou "ponto" – na linguagem adotada pelas organizações de resistência armada. Em outros casos, o militante foi capturado sozinho, mas acabou sendo acareado com outros presos políticos durante sessões de tortura em alguma instituição policial ou militar. De algumas vítimas, porém, não restaram registros ou testemunhas, somente a ausência.

Um ponto central de união entre essas histórias foi a barreira encontrada durante suas procuras. Ao buscar por seus entes queridos, todas essas mães, pais, irmãos, maridos, esposas e companheiros(as) sempre receberam sucessivas negativas das Forças Armadas em relação às prisões de seus familiares e, consequentemente, a informação de que o paradeiro era ignorado. A resposta dos militares era quase padrão: "encontra-se foragido" ou "o paciente não se encontra preso em nenhuma organização militar". Foi a partir dessa informação prestada, ou sonegada, que diversas famílias iniciaram as tentativas de localizar seus parentes – na maioria dos casos, uma procura sem fim. Na casa de Rubens Paiva, essa luta começou no dia 20 de janeiro de 1971.

No início, a família clamava por informações sobre o local em que ele estaria preso. Com o passar do tempo e a ausência de informações, sua mulher passou a cobrar uma investigação sobre o que ocorreu desde o momento em que o levaram de casa. Na ocasião, Eunice Paiva, a viúva do ex-parlamentar, optou por travar essa luta no Conselho de Defesa dos Direitos da Pessoa Humana, o CDDPH. Obtive cópias dos pedidos feitos por ela junto ao órgão em 1971 e em 1979, em busca de informações sobre o ex-parlamentar. Nas duas vezes, Eunice Paiva não conseguiu ter seu pedido atendido, mas sua atuação funcionou como um agente provocador, forçando posicionamentos institucionais. Apesar das derrotas, o resultado de suas ações teve impacto ao longo de diversos momentos posteriores.

A primeira carta de Eunice ao CDDPH

Em 16 de fevereiro de 1971, alguns dias após deixar a prisão, Eunice escreveu uma dolorosa e dura carta ao então ministro da Justiça e presidente do CDDPH, Alfredo Buzaid. Uma cópia do documento, que compõe o processo de 176 páginas no Conselho, também integra o acervo do SNI no Arquivo Nacional. Essa também foi uma documentação tida como perdida pelo CDDPH durante muitos anos.

A carta foi o primeiro documento no qual Eunice relatou o drama vivido pela família e onde ela registrou o princípio de sua busca pelo paradeiro do marido. No documento, ela contou aos conselheiros detalhes sobre a sua injustificada detenção em 21 de janeiro daquele ano, junto com a filha adolescente. O motivo maior da carta, porém, era a falta de informações dos órgãos responsáveis sobre a situação e a localização de seu marido.

O apelo de Eunice foi contundente. Ela dizia não poder e não querer admitir "que, em meu país, se faça desaparecer assim, por tanto tempo, uma pessoa humana". De acordo com os filhos, ela ainda levaria anos para aceitar a morte do marido. Mesmo assim, foi a primeira vez que Eunice fez menção direta às autoridades sobre a possibilidade do desaparecimento do companheiro. O conceito de "desaparecido político", porém, ainda seria construído anos depois, uma vez que em meio à ditadura sequer era possível denunciar torturas ou mortes. Na mesma carta, ela cobrou o cumprimento e as garantias da lei.

> Rubens é um homem de bem, pai de família exemplar, engenheiro competente, cidadão probo e honrado, empresário responsável e capaz. Deputado federal por São Paulo, teve seus direitos políticos suspensos em 1964. Não viu contra si, no entanto, instaurar-se nenhum inquérito policial militar ou processo penal. Não lhe foi feita, jamais, acusação de nenhuma natureza. De que o acusam? Sua mulher e seus filhos têm o direito de sabê-lo. Que fizeram de Rubens? Onde está e para onde o conduziram? Por que não cumpriram as leis que vigoram? Reivindico para meu marido o direito de ser preso segundo as regras mesmas da legislação penal de segurança. Para que se defenda, para que seja libertado.

A indignação de Eunice na carta decorreu também da frustração perante o Superior Tribunal Militar. Familiares dela e de Rubens Paiva tentaram usar o sistema jurídico para ao menos ter notícias do casal preso, já que a filha foi liberada um dia depois da prisão. Apesar de o AI-5 ter suspendido a liberdade provisória de crimes políticos, o advogado Lino Machado Filho impetrou um pedido de *habeas corpus* no STM em favor de Eunice e Rubens Paiva com o objetivo de, ao menos, localizar o casal preso e tentar garantir sua segurança física – o efeito GPS. O Tribunal cobraria explicações das Forças Armadas. Mas, no caso de Rubens Paiva, a brutalidade impediu que o recurso tivesse algum efeito: quando a petição chegou ao STM, no dia 25 de janeiro, Paiva já estava morto: de acordo com os depoimentos de Cecília e Marilene, o interrogatório sob tortura culminou na morte de Rubens Paiva no dia 21 ou 22 de janeiro.

Mas, quando escreveu a carta, Eunice desconhecia o assassinato do marido e guardava esperanças de reencontrá-lo são e salvo. No documento, ela também registrou a violência com a qual ela e a filha foram tratadas dentro do DOI-CODI. Na descrição, ela lembrou que foi obrigada a sair encapuzada e a deixar seus três filhos menores sozinhos em casa (Vera, a mais velha, estava no exterior), além de não ter sido permitido que ela acompanhasse a filha presa durante seu interrogatório:

> É, pois, a um tempo, a carta da mãe, que conheceu a surpresa enorme, melhor diria a indignação, mantida no mais íntimo de si mesma, de assistir à prisão de uma filha, adiante encapuzada, como, igualmente ela própria, para posteriormente, já aí, não mais em sua presença, ser submetida aos traumas psicológicos, terrivelmente brutais em sua idade, dos interrogatórios procedidos segundo os chamados métodos policial-militares; da mulher brasileira, ela mesma vítima da prisão violenta, incomunicável durante 12 dias, interrogada horas sem fim, e isolada do mundo, em condições de ambiente físico e humano que é melhor não referir, para, quem sabe, ter a graça, um dia, de esquecer; da esposa, enfim, que, ainda hoje, nada sabe da sorte de seu marido[10].

Eliana Paiva foi liberada pelos militares 24 horas depois de sua detenção. Com a mãe ainda sob custódia dos militares, ela tornou-se a primeira a poder denunciar a situação vivida pela família por meio de uma carta em 27 de janeiro de 1971 – uma semana após a prisão de seu pai. O documento simbolizou uma tentativa de denunciar publicamente as prisões e teve cópias distribuídas entre a imprensa estrangeira e integrantes do MDB na Câmara dos Deputados. Deixada pelos militares na Praça Saens Peña, na Tijuca, a poucos metros do quartel, Eliana telefonou para a família resgatá-la e um amigo de seu pai foi ao seu encontro. Ao chegar em casa, a adolescente de apenas 15 anos foi orientada por parentes e advogados a detalhar o sofrimento vivido por ela e seus pais. Em um claro tom de denúncia, a carta faz poucas menções à experiência pessoal da prisão e denuncia:

> Sou filha de Rubens Paiva e Maria Eunice Paiva. Tenho 15 anos. Meu pai, como o senhor, foi deputado federal em Brasília, mas foi cassado em 64, época da revolução. Eu era menor e não fiz a crítica do que acontecia. Depois disso retornei eu e minha família à vida normal. Soube da Comissão dos Direitos Humanos e,

> como agora com 15 anos já posso me revoltar diante de injustiças acho que lhe posso pedir ajuda no seguinte. Na quarta-feira, dia 20, meu pai foi levado de casa, preso, sem o menor respeito pela integridade da minha casa e de minha família, eu estava de férias como qualquer outra garota. Minha mãe, meus irmãos e eu estivemos numa espécie de prisão domiciliar durante 24 horas depois da prisão de meu pai. Vi a angústia de mamãe e agora minha, sem compreender o que acontecia assim como os meus irmãos menores. Durante horas amigos foram me visitar e consequentemente foram presos sem a menor explicação. Fui depois levada junto de minha mãe à prisão, já passei a noite numa cela. Com tudo isso não sou mais a mesma garota, como também sou vista de uma maneira diferente pelos amigos. Fui solta no dia seguinte. Não vi mais mamãe, nem soube de meu pai. A razão e o porquê de tudo isso ignoro totalmente. A confiança na liberdade e na pessoa humana que eu sempre tive estou perdendo. Não sei onde estão meus pais e os quero de volta para mim e para meus irmãos. Minha avó não pode localizar meus pais para entregar a roupa que necessitam. Peço ao senhor que faça tudo que lhe for possível para encontrá-los[11].

Anos depois, ao relatar sua prisão sobre o caso, Eliana detalhou as cenas de horror vividas no interior do DOI-CODI. O trauma causado pelo episódio fez com que ela nunca mencionasse publicamente seu sofrimento. Ao longo de 40 anos, a primeira entrevista concedida por Eliana foi em 2007, ao jornalista Jason Tércio, durante a produção do livro *Segredo de Estado*, que trata do desaparecimento de seu pai. Em 2012, ela apareceu no programa da jornalista Miriam Leitão, na GloboNews, em uma reportagem sobre a reabertura das investigações do caso de seu pai a partir da criação da Comissão Nacional da Verdade. No depoimento a Tércio, Eliana contou que viu muita gente amarrada e que no momento de sua libertação, no dia 22, disseram que seu pai havia fugido:

> Só tiravam o capuz na cela e na sala de interrogatório. Fiquei na cela sozinha. Comecei a chorar. Os guardinhas me olhavam pela janelinha. E deu para ver em frente à minha cela que havia um monte de gente encapuzada e com os braços amarrados, dormindo no

> chão. De manhã mudou tudo, porque de dia era um quartel normal, tinha o toque da alvorada. De manhã me tiraram da cela, me levaram para uma sala e disseram: teu pai fugiu. Eu não falei nada. Aí pegaram a bolsa de minha mãe e me deram. Me levaram sem capuz num fusquinha até a Praça Saens Peña. Entrei numa padaria, pedi um milk-shake. O Baby Bocayuva foi me buscar.

Na denúncia feita por Eliana, surgiu um argumento reforçado igualmente por Eunice, após sua soltura. Enquanto o casal estava preso, a mãe de Eunice foi ao I Exército entregar um conjunto de roupas para o casal que estava detido. Os militares receberam o pacote, mas alguns dias depois o devolveram informando que Eunice e Rubens "não se encontravam em nenhuma organização militar".

Na primeira carta enviada ao CDDPH por Eunice, ela também descreveu o ocorrido para mencionar as contradições que a angustiaram nas poucas informações prestadas pelas autoridades. Já em liberdade, ela sabia que os militares negaram ao STM que Rubens Paiva estivesse detido em algum órgão das Forças Armadas. Somadas, as duas informações tornavam a versão "inverossímil", uma vez que os interrogadores que a questionaram também disseram que Rubens estava preso.

Além disso, ela mencionou o que, para a família, foi considerada uma das primeiras provas da estada de Rubens no DOI-CODI: o carro do casal dirigido pelo marido no momento da prisão foi visto por ela no pátio da unidade militar quando deixou o DOI-CODI, posteriormente retirado por Renée Paiva Guimarães, cunhada de Eunice e irmã de Rubens Paiva. Ela ainda demonstrou preocupação com notícias publicadas em jornais e veiculadas na televisão sobre a versão divulgada pelo Exército de que o marido teria sido resgatado durante o período da prisão:

> Tomei conhecimento da versão, que me inquieta dia e noite, veiculada através de notícia distribuída aos jornais e divulgada pela televisão no dia 22 de janeiro, insinuando que meu marido teria sido objeto de uma operação de resgate efetuada por grupos terroristas. Versão cuja verossimilhança é absoluta e que tem todo o feitio de uma farsa impiedosa. Notícias transmitidas mencionando o nome de Rubens Seixas; outras, o de Rubens Paiva; terceiras, ainda, omitindo o nome e fazendo apenas alusão a

prisioneiro político de importância, ex-deputado federal por São Paulo, cassado em 1964.

Na entrevista a Jason Tércio, Eunice Paiva contou que foi submetida a diversos interrogatórios ao longo dos dias em que esteve presa. Ela revelou que os militares a mantiveram presa, sozinha numa cela. Daquele lugar, só saía escoltada e usando um capuz para a sala de interrogatório, onde lhe foi mostrado um álbum com fotografias – entre as quais, a do marido e a de uma professora de suas filhas, embora naquele momento não pudesse fazer relação entre os dois e a prisão. Para ela, sua prisão foi mais longa para que os militares pudessem fabricar uma história sobre o caso.

> Eu não me intimidei muito não. Sabe o que é que eu acho? O Rubens deve ter morrido 24 horas depois de ser preso. Ele era muito cioso de sua dignidade, não ia aguentar nenhum tipo de tortura, era uma pessoa explosiva e não ia aguentar, deve ter sido isso. Quando eu fui presa, ele já estava morto. Eles me seguraram lá o quanto puderam, para ver o que eles iam fazer, qual a resposta que iam dar para justificar a coisa toda.

A luta da família inicia no CDDPH e no STM

Como mencionado, o STM foi o primeiro órgão acionado pela família Paiva em busca da localização de Rubens. De acordo com a historiadora Angela Moreira Domingues da Silva, a partir de abril de 1964, além dos chamados crimes militares, a Corte passou a receber diversos pedidos de *habeas corpus* impetrados pelos advogados de civis e militares que haviam sido presos, acusados de crimes de corrupção ou subversão. A atribuição constitucional do STM era o julgamento de crimes militares e delitos contra a segurança externa do país, mas a partir do Ato Institucional nº 2, em 1965, a Justiça Militar passou formalmente a ter jurisdição sobre crimes vinculados à segurança nacional, e civis passaram a responder a processos nas Auditorias Militares (1ª instância) por crimes contra a segurança nacional e a recorrer ao STM, quando fosse necessário.

Com o recrudescimento da ditadura, o AI-5 impediu a concessão do benefício de responder ao processo em liberdade para presos políticos acusados de delitos supostamente contra a segurança nacional. A estratégia dos advogados então foi, como citado, o de usar o recurso jurídico como tentativa de formalizar uma prisão que ainda não tinha sido registrada – situação bastante comum após 1968. Ao analisar os HCs desse período, Silva constatou que quando os pedidos chegavam ao plenário da Corte, a informação dos órgãos já havia sido prestada, embora o recurso apresentado em si resultasse prejudicado.

Outra avaliação foi a de que, apesar de o artigo 10 do AI-5 prever que não se tomasse conhecimento de casos envolvendo motivação política, o Tribunal optou por apreciá-lo na maior parte das vezes em que os pedidos foram apresentados. Assim, Silva concluiu que "o fato de o STM decidir conceder ou não a ordem significava que ele tomava conhecimento do pedido, ou seja, que havia optado por analisá-lo, sem simplesmente considerar-se inapto a fazê-lo". Essa alternativa bem-sucedida em alguns casos não funcionou para localizar Rubens Paiva, mas permitiu que o questionamento em torno de seu paradeiro servisse de base para o processo que Eunice Paiva decidiu mover no CDDPH.

O STM recebeu o pedido de *habeas corpus* em 25 de janeiro e pediu as informações às Forças Armadas. Com as negativas, e apesar do parecer do Ministério Público Militar pelo arquivamento, o Tribunal seguiu cobrando esclarecimentos em meio às contradições apresentadas entre o nome errado no boletim de ocorrência no Alto da Boa Vista e a falta de conclusão da investigação em torno da fuga, entre outros. Assim, em 5 de maio de 1971, ao apreciar o pedido, o plenário do Tribunal decidiu de modo unânime baixar em diligência para as autoridades do I Exército "prestarem novos esclarecimentos em virtude do conflito de informações anteriores".

Na edição de 6 maio, o *Jornal do Brasil* registrou detalhes de um julgamento com inusitada troca de votos dos ministros. O ministro relator Jurandir Bizarria Mamede tinha inicialmente votado para que a Corte não tomasse conhecimento da matéria, baseado no que ficou estabelecido pelo AI-5, e os documentos anexos deveriam ser remetidos para o I Exército investigar. No entanto, os ministros Alcides Carneiro, Grum Moss e Mario Cavalcanti opinaram de modo contrário. Carneiro propôs que o *habeas corpus* baixasse em diligência para apurar se o preso estava vivo ou morto e considerou o caso de "suma gravidade", Moss argumentou que "se o tribunal tem conhecimento de haver indícios de crime, o Ministério Público tem o dever de mandar abrir inquérito". Cavalcanti considerou o processo mal instruído: "O homem realmente foi preso; mas quem o prendeu e por que ele foi preso? O fato é que o Exército, a Marinha e a Aeronáutica nada informaram".

O entendimento do STM também influenciou o tratamento dado pelo CDDPH com relação à denúncia realizada por Eunice Paiva ao órgão – sua outra frente de luta. Criado pela Lei 4.319 de 16 de março de 1964, no âmbito do Ministério da Justiça e Negócios Interiores, o CDDPH foi instituído nos últimos dias do governo do presidente João Goulart – deposto pelo golpe. O órgão contava com nove membros: o ministro da Justiça, o presidente do Conselho Federal da Ordem dos Advogados do Brasil, um professor catedrático de Direito Constitucional de uma das Faculdades Federais, o presidente da Associação Brasileira de Imprensa, o presidente da Associação Brasileira de Educação e líderes da Maioria e da Minoria na Câmara dos Deputados e no Senado.

A principal função descrita para o Conselho era promover e proteger os direitos humanos. Para isso, logo no artigo 1º da lei que o criou ficou estabelecido que o órgão tinha competência para promover estudos e investigações sobre a eficácia do cumprimento dos direitos da pessoa humana, inscritos na Constituição Federal, na Declaração Americana dos Direitos e Deveres Fundamentais do Homem (1948) e na Declaração Universal dos Direitos Humanos (1948). Além disso, nas áreas que registrassem índices de violação dos direitos humanos, o Conselho tinha prerrogativa para realizar inquéritos sobre as suas causas e sugerir medidas para a interrupção de tais crimes.

Em resumo, o CDDPH era por lei um órgão a ser procurado para denunciar violações de direitos humanos ocorridas no país. O Conselho não foi extinto após o fim da ditadura e, em 2014, foi transformado no Conselho Nacional de Direitos Humanos, vinculado à Presidência da República. Na prática, durante a ditadura, conforme Janaina Teles, o Conselho "era mais uma demonstração das ambiguidades da ditadura", já que não podia negar completamente o direito à denúncia, mas a atuação do Conselho beirava a nulidade. Segundo Edson Medeiros Branco Luiz e Leonardo Figueiredo Barbosa, apesar de instituído em 1964, a primeira reunião extraordinária do órgão ocorreu apenas em 10 de setembro de 1968 – pouco antes da instituição do AI-5.

Contudo, à medida que a repressão política se intensificou, as denúncias passaram a chegar em maior número ao CDDPH. O desaparecimento de

Rubens Paiva foi informado ao Conselho por meio do deputado Pedroso Horta, líder do MDB na Câmara e integrante do plenário do órgão. Em 3 de fevereiro, o parlamentar entregou ao chefe do gabinete do ministro Alfredo Buzaid a carta de Eliana, filha de Rubens Paiva. No dia 17 do mesmo mês, Horta encaminhou a Buzaid cópia da carta escrita por Eunice a ele e ao ministro.

De acordo com Marcelo Rubens Paiva, a família tinha esperança de que, ao se informar da situação, Buzaid pudesse tomar providências, uma vez que era presidente do CDDPH. O ministro também era natural de Santos, no litoral paulista, como a influente família Paiva. No dia 20 de fevereiro, Eunice encontrou o ministro. Em nova carta a Horta, em 22 de fevereiro de 1971, que ela própria chamou de confidencial, Eunice relatou o encontro com Buzaid. De acordo com ela, a reunião ocorreu no sábado de Carnaval, na casa do ministro em São Paulo, e estavam presentes também Jayme Paiva, sogro de Eunice, e Cassio Mesquita Barros, seu cunhado:

> Assegurou-nos o ministro Buzaid que Rubens estava vivo, que estaria bem tratado, conquanto isto não signifique possa afirmar tenha deixado de sofrer "alguns arranhões"; e afinal, que era prisioneiro do Exército. Disse-nos, ainda, que contra ele fora instaurado um IPM, por suspeita de crime de subversão, mas que acreditava seria adotada, dentro de uma ou duas semanas, a decisão de libertá-lo ou a de pedir-se formalmente sua prisão preventiva, através da denúncia indispensável, segundo as conclusões a que chegasse o IPM aludido... Mas prometeu-nos que, decorridas mais duas semanas, se a situação, afinal já não estivesse definida e clara, ele próprio falaria ao Ministro do Exército, para informar-nos da verdade toda, tranquilizando-nos, no entanto, no que diz respeito à versão divulgada oficiosamente, que insinuara o eventual rapto de Rubens no Alto da Boa Vista, pois sabia tratar-se de um lamentável equívoco das autoridades policiais.

O tempo passou e Rubens Paiva não reapareceu. Segundo o filho Marcelo, Eunice passou a frequentar Brasília e denúncias do caso chegaram à Comissão de Direitos Humanos da Câmara, à OAB e à Associação Brasileira de Imprensa. Apesar de Buzaid ter negado o encontro com

Eunice e Jayme, ela decidiu seguir cobrando do CDDPH que investigasse o paradeiro do marido. Em março, um mês após o encontro, ela escreveu uma carta diretamente para o presidente da República, general Emílio Garrastazu Médici:

> Há mais de um mês enviei ao ministro da Justiça de seu governo, que é igualmente presidente do Conselho de Defesa dos Direitos da Pessoa Humana, a carta de denúncia cuja cópia junto aqui para o conhecimento direto de Vossa Excelência. Não é possível que, mais de 60 dias decorridos, conserve-se assim desaparecida uma pessoa humana! Recusamo-nos a acreditar no pior. Confiamos na ação de Vossa Excelência e em meio à inquietação e angústia enormes que estamos vivendo, acreditamos que VE fará prevalecer a autoridade das leis do seu governo e o respeito à justiça que enobrece as nações.

Nessa mesma época, em que Eunice lutava por informações, a família também passou a ter que conviver com os boatos, rumores, chantagens e até extorsões para obter informações sobre o paradeiro do familiar desaparecido. Marcelo Rubens Paiva relatou que militares inclusive chegaram a pedir dinheiro para fornecer o paradeiro do ex-parlamentar:

> Um coronel pediu dinheiro para meu avô Paiva para acelerar a soltura. Oficiais diziam que ele estava preso em Fernando de Noronha. Numa base no Xingu. Tudo mentira. Todos sabiam que era mentira. O alto escalão do governo sabia que era mentira. Jornalistas sabiam que era mentira. Menos a minha mãe, que queria acreditar que ele estava vivo, que precisava acreditar, e conheceu senadores que não serviam para nada, deputados que não legislavam, um poder corroído pelo autoritarismo, corrompido até a alma.

A recepção à mobilização de Eunice recebeu um tratamento distinto do conjunto de outras vítimas pela proximidade de seu marido com integrantes do Congresso Nacional. Todas as vezes que um opositor político era preso, os familiares procuravam os responsáveis dos órgãos das

Forças Armadas e nesse caminho enfrentavam a resistência em oferecer informações. Escrever cartas às autoridades era outro recurso comum.

Aos poucos, as circunstâncias de sobrevivência ditaram o rumo das notícias à família. Os presos políticos que conseguiam viver após um período de interrogatório com tortura muitas vezes eram salvos a partir de sua localização por meio do *habeas corpus* e da oficialização da prisão. Já os que não resistiam tinham os corpos retornados à família após encenações de falsos tiroteios ou suicídios. E alguns presos assassinados se tornaram desaparecidos, uma vez que as Forças Armadas não reconheciam o uso de tortura ou o homicídio. Esse último caso tornava a busca por informações em uma missão frustrada e perigosa, porque transformava o familiar em alvo de perseguição. A singularidade da atuação de Eunice ficou por conta do acesso a algumas autoridades, como o próprio ministro da Justiça, além da defesa da investigação do caso realizada por integrantes do MDB, partido de oposição à ditadura militar, na tribuna da Câmara Federal. Todo o esforço, no entanto, não conseguiu transpor a própria ditadura.

O primeiro julgamento do caso no CDDPH

O plenário apreciou a denúncia do desaparecimento de Rubens Paiva em reunião no dia 13 de julho de 1971, com a leitura do voto do relator, o senador Eurico Rezende (Arena-ES). O processo em si já estava no órgão desde 3 de fevereiro, quando o deputado Pedroso Horta entregou a carta de Eliana Paiva para formalizar a denúncia. Mais tarde, foram anexadas as cartas de Eunice ao CDDPH e o recibo de devolução do automóvel dirigido por Rubens Paiva quando foi preso – documento entregue pelo próprio DOI-CODI à família.

O relator recebeu a denúncia após ser enviada inicialmente ao senador Filinto Muller, líder da Arena no Senado. Ao examinar o caso, Rezende apresentou um parecer no qual assumiu a versão divulgada pelos militares de que Rubens Paiva foi "resgatado" por militantes subversivos quando levado para indicar "a casa onde poderia estar um elemento que trazia correspondências dos banidos domiciliados no Chile". Ele sustentou sua análise nos dados descritos na Sindicância do I Exército e referenciou no parecer a "perícia pormenorizada", além de citar trechos do relatório do tenente Armando Avólio Filho sobre o exame do carro incendiado.

Depois, o relator serviu-se das notícias da imprensa, que se limitou a registrar a versão do Exército, para chancelar seu argumento: "a imprensa, pelos seus mais importantes e idôneos órgãos, nas edições do dia imediato ao das ocorrências, já afirmava que o desaparecimento do dr. Rubens Beyrodt Paiva fora obra de terroristas". O relator ignorou a vigência de censores nas redações e o contexto de controle exercido pela ditadura militar sobre as empresas jornalísticas. Sobre as contradições relatadas por Eunice em sua carta, o parlamentar disse:

> Provado, como ficou, que o bando criminoso se apossara do Dr. Rubens Beyrodt Paiva na madrugada de 22 de janeiro, é óbvio que, em 3 de fevereiro, o paciente não se encontrava em qualquer dependência do I Exército. Dentro do sentimento nacional, tão dignificado pelos estremecimentos da solidariedade cristã, brutalmente ferido no lamentável episódio, participamos, com as nossas emoções, da angústia da família atingida pela maldição e pela covardia do terrorismo. Mas há de se reconhecer e proclamar que nenhuma responsabilidade pelo evento pode ser inculcada às autoridades do país, cuja luta indormida no combate à subversão vem se desenvolvendo, obstinadamente, com a confiança, o reconhecimento e o apoio da opinião pública.

O parecer de Rezende já era esperado pelos integrantes da oposição no Conselho. Na tentativa de ganhar tempo e evitar o arquivamento prematuro, Horta apresentou mais documentos para os conselheiros e solicitou que a sessão do julgamento do caso fosse pública, permitindo o trabalho da imprensa: "uma vez que nada temos a esconder, que a sessão se torne pública, presentes representantes da imprensa nacional e estrangeira. Não temos o que esconder. Ninguém tem o que esconder, à exceção dos criminosos responsáveis por este sequestro". O deputado indicou a necessidade de tomada de depoimentos dos militares envolvidos na ocorrência, além de Eunice, Eliana, Renée Paiva, de duas freiras do colégio Sion e de Cecília Viveiros de Castro. E foi a partir desse momento que surgiu a primeira testemunha da prisão de Rubens Paiva. No novo relato ao CDDPH, Eunice explicou a importância de Cecília:

> Depois de solta, soube pelo meu advogado, dr. Lino Machado, que as pessoas que foram presas no Galeão com as cartas eram dona Cecília Viveiros de Castro (a que reconheci por fotografia no registro do CODI) e Marilene Corona, irmã da nora de dona Cecília. O filho e a nora de dona Cecília estão asilados em Santiago, no Chile (...) Alguns dias depois procurei dona Cecília em sua residência, acompanhada por duas freiras do Sion que ouviram todo o relato que ela fez da sua prisão. A certa altura ela nos contou que no dia 20 de janeiro à tarde fora acareada com Rubens no quartel da 3ª Zona Aérea, ao lado do Aeroporto Santos Dumont e que mais tarde foram os dois conduzidos para o CODI, no quartel da PE da Barão de Mesquita onde ficaram presos. Ela ouviu distintamente, por mais de uma vez, Rubens durante a noite soletrar o sobrenome Beyrodt Paiva que os soldados não conseguiam escrever. Esta é a última notícia que temos de Rubens. Ninguém mais o viu.

Não se sabe com precisão se antes ou depois desse encontro, mas Cecília escreveu uma carta para Eunice em 30 de junho de 1971, relatando os momentos que passou ao lado do ex-deputado cassado na 3ª Zona Aérea e depois no DOI-CODI. Ela tinha sido professora de duas filhas do casal Paiva no Colégio Sion, no Rio de Janeiro. O documento é reproduzido por Marcelo Rubens Paiva:

> D. Eunice. Tendo lido nos jornais notícias desencontradas e mesmo alarmantes, imagino o sofrimento da senhora e das meninas, minhas ex-alunas do Colégio Sion, quanto ao paradeiro do dr. Rubens. Gostaria de minorar, de algum modo, a sua angústia, dando-lhe conhecimento do que sei a respeito do seu marido. No dia 20 de janeiro último, estando eu no quartel da 3ª Zona Aérea próximo ao Aeroporto Santos Dumont, quartel onde permaneci por algumas horas, fui transportada por elementos que usavam trajes esporte e que se diziam das Forças Armadas, para o quartel da Polícia do Exército, o DOI, que era mencionado pelos mesmos elementos como "Aparelhão". Sentado ao meu lado, no automóvel, estava seu marido, o Dr. Rubens Paiva. Chegando ao mencionado quartel, fomos desembarcados eu e seu marido. A senhora deve compreender que ainda

> não me sinto em condições de descrever as horas angustiosas por que passei, mas posso garantir que, nesse mesmo dia, ouvi a voz do seu marido sendo interrogado. Ouvi perfeitamente quando ele declarava seu nome, estado civil, naturalidade etc. Ele estava ao meu lado, embora eu não pudesse vê-lo, de vez que tinha a cabeça coberta por um saco que me impedia a visão. Na noite de 20 de janeiro a 21 no mesmo quartel várias vezes me foi perguntado meu nome, ocasiões essas em que ouvi as mesmas perguntas serem dirigidas ao seu marido, que as respondia. Lembro-me de que, algumas vezes, ele dizia Rubens Paiva, e lhe exigiam o nome completo: Rubens Beyrodt Paiva. Ainda na manhã do dia 21 ouvi o dr. Rubens pedindo água, e esta foi a última vez que ouvi a sua voz, pois na tarde desse mesmo dia fui transferida para outro local. Esperando que esta notícia lhe traga algum consolo, faço votos de que brevemente esteja a família toda reunida e despeço-me com um abraço amigo para todos e especialmente para as minhas ex-alunas Vera, Eliana e Ana Lúcia. Cecília Viveiros de Castro.

Diante das novas informações, o CDDPH decidiu adiar o exame do caso para analisar os documentos apresentados por Horta. A cautela apresentada foi semelhante ao julgamento do STM um mês antes, em maio. O caso ganhava certo destaque na imprensa e recebera tratamento diferente no Tribunal no Conselho com o simples protelamento das tomadas de decisão. Mas os esforços não foram suficientes para impedir o arquivamento dos processos em ambos os órgãos.

CDDPH e STM arquivam denúncias da família Paiva

Em 2 de agosto de 1971, iniciaram-se as derrotas de Eunice Paiva nos órgãos responsáveis por averiguar o desaparecimento de seu marido. O STM reexaminou o pedido de *habeas corpus* e decidiu por arquivá-lo, apesar de ainda aguardar as investigações sobre o caso, que deveriam estar em curso no âmbito das Forças Armadas. Ao tomar conhecimento da decisão, o ministro Buzaid pediu uma comunicação oficial do Tribunal sobre o julgamento e foi informado que a Corte decidiu, por unanimidade, julgar "prejudicado o pedido, sem prejuízo de apuração, na forma da lei, dos fatos objeto de diligências, em curso no Comando do I Exército".

O comunicado do STM teve impacto decisivo sobre o CDDPH. Em 10 de agosto, uma semana depois, a maioria dos membros do Conselho decidiu arquivar o caso. O parecer do relator foi sucinto, alegando que os elementos juntados pelo conselheiro Horta não foram capazes de alterar suas conclusões anteriores, embora nenhuma providência pedida por Horta tenha sido acatada. Rezende apoiou-se na decisão do STM para encerrar a discussão:

> Seja-nos, porém, permitido salientar que a certidão anexada, concernente ao julgamento por aquela alta corte, reforça o nosso entendimento no sentido de que, realmente, cessou a função deste conselho, relativamente ao episódio, e agora tendo em vista a prejudicialidade do procedimento. (...) Pelo pronunciamento do Colendo Superior Tribunal Militar, constata-se que o Poder Judiciário, pelo seu órgão competente, considerou verazes as informações ministradas pelo Comando do I Exército e adequadas as diligências que estão sendo realizadas por aquela unidade de nossas Forças Armadas.

O conselheiro Horta tentou novamente cobrar a abertura de um inquérito sobre o caso, defendendo que uma Sindicância não era suficiente. O deputado admitiu que aguardava o parecer do relator e o acusou de fazer o jogo dos militares:

> Admitida a tese do governo, cumpria desde logo instaurar-se rigoroso inquérito, apurando-se o que possível fosse de tão inditoso acontecimento. Nada se fez. Não se abriu inquérito nenhum. Não foram arroladas testemunhas que jurassem dizer a verdade. Não houve relatório de autoridade competente, consignando as peripécias do lutuoso sucesso. (...) Quando nos almoxarifados das nossas Forças Armadas desaparece um sabre, ordena-se um inquérito. Elas não se satisfazem com uma simples Sindicância. Na hipótese há um homem que desapareceu. Uma Sindicância obviamente não basta. Queremos o normal procedimento policial e judiciário.

Além dele, votaram a favor da apuração do desaparecimento os conselheiros Danton Jobim, José Cavalcanti Neves e Nelson Carneiro. Alfredo Buzaid desempatou votando pelo indeferimento do pedido, justificando que "Participo da angústia da família Rubens Paiva pelo desaparecimento de seu chefe, mas não creio que caiba ao colendo Conselho dos Direitos de Defesa da Pessoa Humana duvidar da honorabilidade do comando do I Exército, razão porque voto com o relator".

O constrangimento público ao Conselho no julgamento da denúncia sobre o desaparecimento do ex-deputado também se repetiu à medida que outras famílias passaram a entregar queixas ao CDDPH. Branco Luiz e Barbosa explicaram que em uma tentativa de controlar ainda mais o órgão, o Congresso Nacional decretou e o presidente Médici sancionou a Lei nº 5.763, de 15 de dezembro de 1971. Por meio dela, aumentaram o número de representantes de 9 para 13, com mais membros do Executivo, as sessões anuais foram reduzidas de doze para seis e passaram a ser secretas. A oposição se revoltou e, segundo Teles, o MDB deixou sua representação no CDDPH em março de 1972. O órgão se reuniu até 28 de novembro de 1973 e depois ficou completamente inoperante até 2 de maio de 1979. Não chegou a se reunir uma única vez durante todo o período em que o general Ernesto Geisel esteve no poder.

Capítulo 3

A mentira do Exército é desmascarada

O primeiro arquivamento do caso no CDDPH teve grande impacto sobre toda a família de Rubens Paiva. De acordo com Marcelo, continuar a vida no Rio de Janeiro já não tinha sentido para Eunice. A situação financeira da família se agravou porque ela era legalmente casada e não viúva – não tinha, desse modo, autorização para, sozinha, movimentar contas, vender imóveis ou mesmo resgatar um seguro de vida em nome do marido. Assim, ainda em 1971, a família voltou para Santos, no litoral de São Paulo, para viver com a família do marido.

Nessa nova fase, Eunice deixou o papel de dona de casa para iniciar um processo de transformação como ativista social. O primeiro passo foi formar-se em Direito. Ela já era formada em Letras, mas nunca tinha exercido a profissão. Na mesma época em que Eunice retomou os estudos, sua filha mais velha, Vera, ingressou no curso de Psicologia da Universidade de São Paulo. Em 1973, a ida da primogênita para o ambiente estudantil – ainda em luta contra a ditadura militar, apesar da severa repressão – fez com que a família aos poucos começasse a se envolver nas discussões políticas nacionais novamente. Diz Vera:

> Eu só entrei no centro acadêmico do segundo para o terceiro ano. Mas, por exemplo, mataram o Alexandre Vanucchi Leme, que

> era um aluno que foi preso dentro da sala de aula, aluno lá da geologia e assassinado. É o nome do DCE [Diretório Central dos Estudantes] da USP até hoje. Alexandre Vannuchi Leme. Teve uma missa que foi uma coisa. Evento militar no centro da cidade, de novo Dom Paulo já protegendo. A gente fazia tudo, como dizia, na saia do padre, como diziam os caras da repressão. Falaram isso para mim. As vezes que eu fui presa, cansaram de falar: "Cadê a saia do padre? Aqui não tem saia do padre não, pode ficar..." E aí a gente fez uma missa na Praça da Sé, na saída da missa eu dei sorte, porque várias pessoas que são meus amigos até hoje, foram presos na saída da missa e barbaramente torturados. Torturados ainda como aparecem nos livros.

O envolvimento de Vera com a militância estudantil não era visto com bons olhos pela mãe. De acordo com a filha, o medo da violência ainda atormentava Eunice, que optou por não envolver a família em suas buscas pelas circunstâncias do desaparecimento de Rubens. Vera explica que, do lado da família, a mãe empreendeu um trabalho solitário enfrentando a ditadura e o Judiciário e impôs um silêncio sobre o assunto em casa. No entanto, a militância política da primogênita era tida por Eunice como o retorno do perigo aos Paiva. Eunice se preocupava ainda com a possibilidade de outros filhos integrarem o movimento estudantil – o que, de fato, aconteceu. Ao entrar no curso de Comunicação da USP, Eliana também aderiu à corrente trotskista Liberdade e Luta (Libelu).

Vera disse que a partir de 1974 passou a ver listas com nomes de vítimas da ditadura "naquele papel rosa que vinha". E, aos poucos, os estudantes foram reorganizando o movimento estudantil para o retorno da UNE, em plena vigência do AI-5 e da luta contra a Guerrilha do Araguaia. Em 1975, a morte do jornalista Vladimir Herzog no DOI-CODI de São Paulo reuniu os movimentos sociais e familiares de vítimas da ditadura militar. O ponto de encontro foi a Arquidiocese de São Paulo e o papel central de apoio foi do cardeal-arcebispo dom Paulo Evaristo Arns:

> Na Igreja do Dom Paulo você tinha um monte de reunião. A gente passava... O "K" [livro do Bernardo Kucinski] conta bem esse pedaço da história, é legal você ler. Porque a gente levava... É como se

fosse... Articulando as famílias! Que tinha gente desaparecida, que tinha gente presa. Porque isso era muito disperso. De repente os familiares, os pais, as mães, os irmãos começaram a se organizar sistematicamente, a levantar informação, a juntar lista, a colher depoimento de quem saía da tortura para denunciar tortura. Isso começava a se organizar nessa fase. Já tinha Comissão de Justiça e Paz; 1975 morre o Herzog; o sindicato dos jornalistas faz a segunda... Aí é a segunda missa, de novo debaixo do padre. Aqui não tinha. Os padres que eram bonzinhos eram os da PUC [Pontifícia Universidade Católica], mas não o arcebispo. Meu marido, e a Paula deve contar, os padres da PUC defendiam todo mundo porque era Teologia da Libertação. O filho da puta do arcebispo, se pôde, entregou gente! Em São Paulo não, a Igreja progressista era dominante. E aí a missa do Herzog já teve uma outra repercussão, porque não foi só uma missa, foi um ato ecumênico, o cara era judeu! E nós fizemos foi uma missa! É louco, né? Por quê? Porque era o único espaço emancipado e liberado.

A ascensão de Vera no centro acadêmico a levou ao Diretório Central dos Estudantes e, com a criação dos Comitês Brasileiros pela Anistia (CBAs), ela era a representante dos estudantes junto ao movimento nacional. Mas, como previa Eunice Paiva, a militância estudantil das duas filhas mais velhas resultaria em momentos tensos para a família. Ambas foram presas em passeatas pela anistia durante o período Geisel. Em uma das ocasiões, em 1977, Vera recorda que foi presa durante uma manifestação pela anistia e acabou interrogada pelo então diretor do DOPS, Romeu Tuma:

Eu, de frente para o Tuma, já ouviram falar do Tuma? Que era delegado da Polícia Federal em São Paulo. Ele perguntou: "E sua mãe, faz o quê?"; "Advogada"; "E o seu pai?". Eu fiquei olhando e não respondi. Imagina como eu fiquei puta nessa hora! Ele ainda repetiu a pergunta, cínico, aí eu falei: "Meu pai é vocês que devem saber". Puta! Aí, ele falou assim: "Por quê?"; "Porque vocês o prenderam faz 6 anos e até hoje a gente não sabe nada sobre ele". E ele fala assim: "Ele deve estar lá em Cuba, com mulher e filhos".

Apesar da situação insegura e da ainda persistente truculência policial, as sessões de tortura de presos políticos vinham diminuindo e os aparelhos da repressão passaram a ser desativados. A família, no entanto, seguia monitorada de modo permanente pelo SNI, como registram diversos ofícios localizados por mim no acervo do órgão no Arquivo Nacional. No período em que as filhas mais velhas foram para a militância, Eunice terminou a faculdade e voltou a morar com os filhos mais novos na capital paulista. Vera já estava engajada no movimento pela anistia, mas disse que a mãe, embora participasse de reuniões e eventos, não quis estar à frente dos comitês. Segundo a filha, Eunice não queria ser vista apenas como "a eterna viúva de Rubens Paiva" e discordava da condução do movimento.

Apesar das ressalvas aos CBAs, a mulher de Rubens Paiva esteve presente em diversos eventos importantes dos movimentos pela anistia política. Em 27 de junho de 1978, ela esteve em um debate do Comitê Brasileiro de Anistia, seção de São Paulo, no auditório do Tuquinha (sala de teatro da PUC-SP, especificamente uma extensão do TUCA – Teatro da Universidade Católica). Já em novembro se fez presente no I Congresso Nacional pela Anistia Política ao lado de Clarice Herzog. Na reportagem do jornal *O Globo* sobre o evento, a publicação noticiou que Eunice disse ter sido aconselhada à época do desaparecimento de Rubens Paiva a não tentar nenhuma ação judicial, mas que agora ela via uma nova possibilidade, a partir de declarações recentes de envolvidos no caso.

A referência feita por Eunice estava relacionada aos desdobramentos do trabalho investigativo de Fritz Utzeri e Heraldo Dias na reportagem "Quem matou Rubens Paiva?", do *Jornal do Brasil*. Após a publicação de uma longa e inédita matéria que levantou as contradições na versão oficial divulgada pelos militares em 1971, Benjamin Albagli, conselheiro do CDDPH, confessou as pressões sofridas por ele durante o julgamento da apreciação do caso, em 1971. Em entrevista ao *Jornal do Brasil*, em 23 de outubro de 1978, Albagli admitiu que se sentiu obrigado a votar pelo arquivamento do caso e acreditava que eram necessárias maiores investigações.

A entrevista concedida pelo conselheiro foi a conclusão de um extenso trabalho desenvolvido pela dupla de jornalistas do *JB* e representou um momento ímpar para a cobertura jornalística brasileira sobre os crimes cometidos durante a ditadura civil-militar. Ao longo dos anos, a imprensa não ignorou por completo as violações de direitos humanos. Sobretudo na imprensa chamada "alternativa", as torturas e assassinatos de presos políticos já eram amplamente denunciados. Além disso, a edição da revista *Veja* intitulada "Tortura" tratou dos detalhes do assassinato do militante da VAR-Palmares Chael Charles Schreier, em novembro de 1969. Mas, em sua maioria, as reportagens produzidas anteriormente não tinham o chamado "fôlego jornalístico", ou seja, não eram investigações minuciosas. Em 1978, o *JB* tomou como desafio desmontar uma das versões da ditadura para um dos crimes cometidos contra opositores e construiu uma rede de apoio para poder desenvolver o trabalho. A escolha foi o caso Rubens Paiva.

O desmonte da versão oficial em plena ditadura

Além de todo o esforço empreendido por seus parentes, um aspecto decisivo para descobrir o que ocorreu a Rubens Paiva após sua prisão foi o trabalho de alguns jornalistas investigativos que obtiveram um importante apoio de alguns setores da sociedade. Durante a ditadura, os militares não reconheciam e se recusavam a falar publicamente sobre os desaparecidos e, consequentemente, o Estado, por meio de distintos órgãos, não permitia a abertura de investigações. A resposta aos questionamentos dos familiares era sempre a mesma: as vítimas estavam foragidas. Com isso, os órgãos competentes não cumpriam seu papel institucional de receber e investigar denúncias de violência ou desaparecimento. As polícias estavam elas próprias envolvidas na estrutura do aparato repressor, e o CDDPH, na prática, estava suspenso desde 1973 – pouco depois de justamente arquivar a denúncia da família de Rubens Paiva.

Na ausência da atuação dos órgãos originalmente competentes, foi o trabalho investigativo de alguns jornalistas com apoio de familiares das vítimas e organizações da sociedade civil que permitiu à sociedade conhecer mais detalhes sobre os crimes cometidos pelos militares. A partir da segunda metade dos anos 1970 ocorreu uma mudança na postura da cobertura da própria imprensa tradicional, que apenas experimentava seus primeiros momentos sem a convivência dos censores nas redações. A censura prévia vinha sendo revogada desde 1975, quando os censores saíram do jornal *O Estado de S. Paulo*. Antes disso, quando as matérias eram barradas, o *Estadão*, por exemplo, publicava poemas.

Mesmo assim, esse trabalho de investigação, sobretudo durante a ditadura, só se tornou possível no caso de Rubens Paiva devido ao apoio de Eunice Paiva e instituições como a OAB e a ABI, entre outras. O jornalista Fritz Utzeri contou, em depoimento a Carla Siqueira, que a "pauta" do desaparecimento de Rubens Paiva surgiu com o então editor de política, Elio Gaspari, durante uma reunião na redação do *JB*, no início de 1978. Fritz começou sua carreira no jornal em 1968, trabalhando na cobertura da área da saúde, uma vez que era formado em Medicina pela Universidade da Guanabara, atual Universidade do Estado do Rio de Janeiro.

Na época em que Rubens Paiva foi preso e desapareceu, nem Fritz ou seu parceiro de reportagem Heraldo Dias tiveram um envolvimento direto na cobertura do caso. Apesar da intensa censura, o *JB* noticiou o caso diariamente e com mais espaço do que outras publicações, conforme visto anteriormente, mas sem grandes esforços de investigação – muito difíceis à época, devido à repressão política dos militares. Em 1978, no último ano de Geisel no poder, os editores decidiram que era a hora de retomar a história:

> O caso Rubens Paiva, na época que aconteceu, ninguém disse nada. Porque tinha censura. Então, contou-se a história de que o Rubens Paiva foi sequestrado no Alto da Boa Vista quando estava sendo levado, sei lá para um reconhecimento, alguma coisa, por uma organização terrorista que sumiu com ele. Aí o Walter Fontoura [chefe de redação], aliás, o Elio Gaspari que era o editor de política do jornal me chama lá [na chefia do jornal] e diz: "Olha, vamos ver o que aconteceu com o Rubens Paiva. Vamos reabrir esse caso porque o caso não está contado".

Nesse período em que os repórteres do *JB* retomaram o caso, o país vivia a fase de transição da ditadura, com medidas iniciais rumo à abertura "lenta, gradual e segura". Algumas medidas autoritárias foram revogadas, embora o sistema repressivo em si ainda funcionasse como tal. O AI-5 foi revogado em 13 de outubro daquele ano, por exemplo. Por outro lado, os DOI-CODIs e o DOPS seguiam funcionando com o mesmo objetivo, embora com menos prisões do que no período Médici. Então, quando

Fritz Utzeri e Heraldo Dias começaram a trabalhar na reportagem, em abril de 1978, o Ato ainda estava em vigor e os riscos de produzir uma reportagem de contestação à ditadura não eram pequenos. O jeito, então, foi tentar montar um esquema de segurança próprio:

> Só que nós ficamos seis meses com essa matéria, mas o que a gente fazia? O presidente da Ordem dos Advogados era o Nilo Batista naquela ocasião. A gente fazia um dossiê diário, contando tudo que aconteceu naquele dia e com quem a gente falou e qual é, o que pode acontecer em função disso. Uma cópia para o editor, para o Walter [Fontoura], outra cópia ficava com a gente e a terceira ia para a OAB.

O trabalho começou pelo arquivo do próprio jornal. Primeiro o de texto e depois nas imagens da época. Nesse local, a dupla descobriu que parte essencial para desmontar a versão oficial sempre esteve ali com o *JB*. As imagens registradas pelo fotógrafo do *JB* eram muito reveladoras sobre o modo como ocorreram os tiros e permitiram aos repórteres revisitar o local da suposta fuga e conferir que a história da versão oficial era inverossímil. O lugar também ficava próximo à delegacia no Alto da Boa Vista, onde o caso fora registrado. A dupla foi buscar cópias dos documentos e conheceu policiais que trabalhavam ali desde a época e que ainda atuavam lá.

Os fios começaram a ser puxados e a rede de ajuda passou a ser construída. Em algum momento que Fritz não soube precisar na entrevista a Carla Siqueira, mas lembrado por sua mulher, Liége Galvão, ele foi a São Paulo encontrar Eunice Paiva. De acordo com Vera Paiva, os filhos não podiam participar das reuniões em que a mãe tratava do desaparecimento de Rubens Paiva. Nesses encontros com Eunice, Fritz tomou conhecimento dos detalhes das prisões de Rubens, dela e de Eliana no DOI-CODI. Além de descobrir também as detenções de Maria Cecilia Viveiros de Castro e Marilene Corona. Segundo Liége Galvão, nesse período Fritz teve vários encontros com Eunice em São Paulo.

Outras fontes de informações também se tornaram fundamentais para o desenvolvimento do trabalho, como militares da reserva que integraram a ditadura. Em diversos momentos, de acordo com Fritz, o capitão Sérgio

Macaco, conhecido pelo caso Para-Sar[12], foi importante para auxiliar as investigações e abrir caminhos para entrevistas com militares. Nesse período, em 1978, os militares ainda não concediam entrevistas chamadas "on the record", assumindo publicamente as declarações concedidas a jornalistas. Portanto, as informações fornecidas eram tratadas sobretudo como passos em uma linha de investigação:

> E aí nós começamos a correr atrás da história e a ver, por exemplo, que tinha um detetive chamado Fernando Gargaglione que trabalhava na delegacia no Alto da Boa Vista, que colaborava com a repressão e que possivelmente enterrou o Rubens Paiva no primeiro lugar, na praia da Barra da Tijuca etc., no Recreio dos Bandeirantes...A gente fez uma propaganda danada disso [apoio da OAB], quer dizer, no meio no "torturódromo", vamos dizer, porque a gente começou a conhecer as pessoas, entende? Acabamos falando, fazendo entrevista com o General Fiúza de Castro, que foi o comandante do DOI-CODI para a turma toda aprender como é que foi instituída a tortura no Brasil.

As entrevistas com integrantes da ditadura configuraram à época e ainda são um ponto sensível nas investigações jornalísticas. As questões levantadas, quando um relato de um ex-agente surge, são as mais variadas. Qual a motivação dos militares? Seria alguma tentativa de desviar o foco das buscas? Algum tipo de vingança ou retaliação a um colega de farda? No entanto, a aproximação se fez necessária para obter um mínimo de informação sobre o funcionamento interno do DOI-CODI. Mais do que contar as contradições das descobertas na versão do Exército, a dupla de jornalistas tinha como objetivo localizar os restos mortais de Rubens Paiva.

Nesse aspecto, nem os repórteres ou o jornal parecem ter poupado esforços, em 1978. Os dois repórteres mantinham uma rotina diferente do restante da redação. Em depoimento ao jornalista Marcelo Auler, o então diretor de redação, Walter Fontoura, confirmou também que em algum momento da apuração Fritz e Heraldo solicitaram à chefia que comprasse enxadas e material de escavação. Segundo o diretor, os jornalistas chegaram a cavar buracos em regiões próximas à delegacia no Alto da Boa Vista e fizeram buscas em cemitérios da cidade.

Todo o esforço da dupla e seu contato com essa rede de pessoas foram monitorados pelo I Exército. Fritz relatou que a dupla foi seguida na rua por carros semelhantes aos utilizados pelos agentes de inteligência das Forças Armadas. Além disso, os dois passaram a receber ameaças por telefone. Em uma das intimidações, o delegado Fernando Gargaglione chegou a citar os filhos de Fritz, dizendo que sabia onde as crianças estudavam. A dupla de jornalistas, de modo inusitado e até perigoso, resolveu enfrentar o delegado:

> E nós aí sabíamos que ele morava na Praça Seca, fomos jogar sueca na Praça Seca e ficamos uma semana lá jogando sueca até descobrir onde ele morava. Aí fomos para a casa do Gargaglione quando ele não estava, ficou de campana, ele saiu: "Ah, o Gargaglia taí?" -"Não, ele saiu." -"Não, somos lá da..." Aí a mulher muito simpática, senhora simplória mandou a gente entrar... Ele tinha duas filhas, chegaram as filhas. Quando o Gargaglione entra na casa e vê a gente na sala dele, ficou puto, sabe, doido. Aí disse: "Gargaglia, simpática a sua família, muito simpática! Vamos lá fora? Tem um casinho para a gente resolver." Aí a gente chegou lá e disse: "Olha, filho da puta, o negócio é o seguinte: para a gente vale tudo, mas não mete a família no meio." E ele não sabia... Ele sabia que o Sérgio estava com a gente e sabe também que o Sérgio era armado até os dentes, que os sargentos dele eram armados até os dentes. Certamente o Sérgio não faria nada contra as filhas do Gargaglione, mas o Gargaglione não sabia disso, então a gente disse: "Olha, o que você fizer com os filhos da gente a gente pode fazer com os seus, então, meu querido, vamos combinar uma coisa? Vale tudo com a gente, mas família está fora, está bom? É coisa de macho, família não entra." - "Não, eu estava brincando, Presuntinho." "Tá bom, você tava brincando, mas ninguém gostou dessa brincadeira." E ficou por assim mesmo o nível de ameaça.

Esse tipo de situação representou, de certo modo, o retrato da pouca liberdade de expressão da época e das relações desenvolvidas entre jornalistas e policiais na cobertura diária do crime no Rio de Janeiro.

Justamente devido à ditadura, nessa época, também era delicado realizar uma cobertura ampla dos governos estadual e federal. Assim, os esforços das publicações de imprensa se voltavam muito nesse período para a cobertura de homicídios e sequestros sem relação com o combate à ditadura.

No relato do jornalista Luarlindo Ernesto para as pesquisadoras Silvia Ramos e Anabela Paiva, ao acompanhar a repressão policial ao crime comum, havia até cumplicidade em situações impensáveis atualmente: "Durante a ditadura tinha muito isso. Tinha um detetive, que depois virou delegado, Lincoln Monteiro, que era famoso por colocar arma na mão de repórter durante as operações: 'Segura aí, eu vou por ali e você fica atrás desse poste'". No entanto, ao investigar situações que envolviam a atuação de agentes estatais não era possível solicitar proteção policial, devido ao envolvimento das próprias forças de segurança com a repressão política. Por isso, Fritz sustentou que a aliança com a OAB se mostrou fundamental, assim como a proximidade com o capitão Sérgio Macaco, mesmo que nada disso significasse uma garantia absoluta de segurança da equipe.

Apesar do discurso do general Ernesto Geisel sobre a "distensão lenta, gradual e segura", a violência de setores da ditadura militar contra seus críticos continuava. Em 1976, ocorreu a Chacina da Lapa, em São Paulo, quando uma casa que funcionava como aparelho do PCdoB foi invadida e os integrantes do partido assassinados. Nesse período do final dos anos 1970, o Brasil passou a sofrer com uma onda de atentados terroristas promovidos por extremistas de direita. Grupos como o Movimento Anticomunista (MAC), o Comando de Caça aos Comunistas (CCC), a Vanguarda de Caça aos Comunistas (VCC), a Aliança Anticomunista Brasileira (AAB), a Falange Pátria Nova (FPN), o Comando Delta, o Movimento de Renovação Nazista (MRN), entre outros tantos, promoveram ameaças e ataques à bomba.

Em 1980, apenas dois anos depois da reportagem do *JB*, ocorreu um atentado à bomba na sede da OAB no Rio de Janeiro, que vitimou a secretária do presidente da Ordem, Lyda Monteiro. O ataque tinha como alvo Seabra Fagundes, então presidente da entidade, que promovia atendimento a familiares de vítimas da ditadura militar. As ações violentas tinham origem em um grupo de militares que era contrário ao processo de abertura política promovido por Geisel e buscavam responsabilizar organizações de esquerda a fim de criar um cenário de medo anticomunista e impedir a reabertura.

A conclusão do trabalho de Fritz Utzeri e Heraldo Dias

A reportagem ganhou as bancas em 22 de outubro de 1978, um domingo, em formato de um caderno especial. Ao longo de três páginas, um espaço consideravelmente nobre para um único assunto, os repórteres revelaram o trabalho de quase seis meses. Foi a primeira vez, por exemplo, que se tratou publicamente das circunstâncias da prisão de Rubens Paiva e da relação de sua detenção com as cartas recebidas de exilados no Chile. Além disso, a verificação minuciosa da versão oficial divulgada pelos militares tornou a história inverossímil. Segundo Liége Galvão, Heraldo Dias foi o principal responsável por recompor os detalhes técnicos da história divulgada pelo Exército. Heraldo mediu a largura dos postes e as distâncias das posições dos carros para recriar e provar a impossibilidade da situação relatada.

No entanto, apesar dos inúmeros detalhes da reportagem, a dupla não conseguiu descobrir o destino dos restos mortais do ex-deputado. Mesmo assim, a matéria gerou enorme repercussão e episódios controversos. O diretor de redação, Walter Fontoura, contou ao jornalista Marcelo Auler que um oficial do Exército telefonou para Fritz Utzeri informando que possuía uma imagem de Rubens Paiva dentro do DOI-CODI à época da prisão. A fotografia comprovaria a prisão e possivelmente a morte. O oficial pediu uma quantia em dinheiro para entregar as imagens, uma situação complexa para jornalistas, que não pagam para obter informações. Mesmo assim, o jornal resolveu apoiar a situação. O Exército, porém, soube da oferta e procurou o *JB* para denunciar uma espécie de tentativa de extorsão:

> Eu autorizei o Fritz nessa época a pagar 300 mil, não sei mais qual era o dinheiro. Qualquer coisa como 300 mil para o militar que estava pedindo por uma prova de que o Rubens Paiva tinha sido morto... Eu estava empenhado em dar o apoio que essa reportagem merecia e me lembro que depois o ministro do Exército, o Walter Pires, na época comandando o I Exército, me telefonou para dizer: olha, quero dizer a você, que você tá aí, vocês estão sendo alvo

> de um picareta, o coronel picareta que tá dizendo que vai dar uma prova de que o Rubens Paiva morreu nas dependências da Barão de Mesquita, mas não é verdade. Ele não morreu lá. Aí eu falei: "Mas, general, então o senhor sabe como é que ele morreu, quem matou, como é que matou?" "Eu não sei e ninguém sabe. Nem vai saber. O que eu sei é que não há hipótese de alguém saber isso e esse coronel tá tentando tomar um dinheiro de vocês porque ele está em dificuldades financeiras."

Após o contato do general Walter Pires, o *JB* desistiu de dar sequência à "negociação" com a fonte. Fontoura disse não recordar do nome do militar que pediu dinheiro pelas imagens e Fritz, enquanto estava vivo, não revelou o nome da fonte. A publicação da matéria também estimulou que alguns envolvidos no caso se sentissem encorajados a contar o que sabiam e revelou parte da pressão exercida pela ditadura militar para arquivar a denúncia feita por Eunice Paiva, em 1971, ao CDDPH. Fritz disse:

> No texto... Jornalista, às vezes, tem umas safadezas que a gente tem que fazer. Quando o caso Rubens Paiva foi para o Conselho dos Direitos da Pessoa Humana, houve uma votação inicial e o caso foi arquivado com o voto de um dos membros do Conselho que era Benjamim Albagli, que era um educador, uma pessoa muito séria, muito decente. E a gente sabia. E o Pedro Calmon tinha convencido o Albagli. E o Albagli... Eu tinha certeza que o Albagli estava arrependido daquilo, aí eu coloquei uma maldade pra ele. Disse: "O Albagli tinha hesitado em votar, mas depois ele tinha, vamos dizer, se acomodado e votou etc. e tal...". Eu disse para o Heraldo: "Olha, eu tenho certeza que o Albagli vai reagir". Isso foi num domingo de manhã cedo, eram umas 6 horas da manhã, toca o meu telefone de casa, era o Albagli aos prantos, querendo falar. E aí ele explica a situação, o que aconteceu, entende.

Foi essa confissão de Benjamin Albagli que permitiu a Eunice Paiva tentar uma nova denúncia sobre o caso em 1979, quando o próprio CDDPH foi reaberto durante o primeiro ano do general João Figueiredo no poder. Ainda que tenha levado quase um ano, o novo pedido de investigação sobre o desaparecimento de Rubens Paiva no órgão federal se tornou a maior repercussão ocorrida após a reportagem.

A nova denúncia de Eunice Paiva ao CDDPH

À primeira vista, a retomada do CDDPH, em maio de 1979, podia parecer trivial. Contudo, em tese, o Conselho deveria cumprir um importante papel como espaço de denúncia pública dos crimes cometidos contra opositores. Apesar de ser um órgão do Executivo Federal, ou seja, subordinado aos militares, o CDDPH reunia integrantes de diversos setores da sociedade que, em 1978, davam indícios de buscar autonomia em suas decisões, pois já desempenhavam um papel público de denúncia dos delitos cometidos contra opositores à ditadura.

Na reabertura das atividades, o Conselho possuía uma composição um pouco distinta em relação à última reunião, no período Médici. Uma das grandes diferenças estava na posição do MDB. O partido de oposição decidiu, em um primeiro momento, não participar das reuniões – mantendo o protesto iniciado em 1971, devido ao sigilo imposto pelos militares aos encontros dos conselheiros. Os representantes do MDB eram, em 1979, o deputado federal Freitas Nobre (líder do partido na Câmara) e o senador Paulo Brossard (líder da agremiação no Senado). Já a OAB era representada por Eduardo Seabra Fagundes, então presidente da instituição, e Barbosa Lima Sobrinho, da ABI, dirigente máximo da Associação.

O Conselho ainda era composto pelos líderes da Arena: Jarbas Passarinho (Senado) e Nelson Marchezan (Câmara). Além disso, Pedro Calmon ocupava a vaga de professor de Direito Constitucional, Paulo Lindenberg Sette a do representante do Ministério das Relações Exteriores, Afonso Arinos a do Conselho Federal de Cultura, e Benjamin Albagli ainda ocupava a vaga da Associação Brasileira de Educação. Para a última vaga, a de professor de Direito Penal, o presidente do Conselho escolheu Benjamin de Moraes.

A partir dessa reabertura de trabalhos, Eunice decidiu liderar novamente outro pleito de investigação junto ao órgão. Os registros de seu esforço só foram encontrados em detalhes nas reportagens realizadas pelo *Jornal do Brasil*. O primeiro movimento dela para tentar a reabertura do caso foi uma aproximação com entidades que integravam o CDDPH e que, à época da abertura política, atuavam em prol da edição de uma lei de anistia ampla, geral e irrestrita, como demandavam os CBAs e os movimentos sociais. Se na primeira vez ela procurou apoio direto no MDB, na nova tentativa o objetivo de Eunice era envolver representantes da sociedade civil. Ela então promoveu encontros com Eduardo Seabra Fagundes e Barbosa Lima Sobrinho:

> O problema é que eu não tenho corpo, atestado, ou qualquer prova da morte do Rubens. Além disso, resolvi esperar que o processo de abertura política se definisse melhor, na expectativa, talvez um tanto romântica, de que o próprio governo resolvesse o problema dos desaparecidos, mas infelizmente parece que a abertura não avança[13].

Enquanto outros familiares passaram a militar pela causa em movimentos sociais, Eunice ainda buscava lutar por um caminho institucional. Segundo Vera Paiva, a mãe tinha a solidariedade com os grupos, mas não queria estar entre as lideranças. Ela optou por um caminho próprio ao qual nem os filhos tinham acesso.

A estratégia traçada por ela, colocada em prática logo na primeira reunião do Conselho, foi deixar que os representantes da OAB e ABI levassem o pedido de reabertura do caso. O embasamento estava nas declarações de Albagli. O caso foi apresentado em junho por Eduardo Seabra Fagundes e Benjamin Albagli.

No mês seguinte, o presidente do Conselho, Petrônio Portela, então ministro da Justiça, decidiu reabrir o caso e designou um novo relator. Portela era, portanto, o representante do governo do general João Batista Figueiredo no órgão. Por essas razões, a decisão favorável aos familiares de vítimas do período mais violento da ditadura militar tornou-se quase inimaginável. Eunice elogiou a postura do ministro no *Jornal do Brasil*: "Ele teve um gesto de bom senso e de muita grandeza ao tomar essa decisão voltando atrás, inclusive de não examinar casos que ele considera 'do passado' nessa nova fase de funcionamento do conselho".

Apesar da reabertura, o desenvolvimento do caso enfrentou uma série de dificuldades simbolizadas por meio da estrutura burocrática estatal. Em agosto, Eunice se queixou da falta de entrega do processo de 1971 ao novo relator, o jurista Benjamin de Moraes. Em meio ao reinício dos trabalhos do CDDPH, também estava sendo discutida outra pauta sensível à ditadura militar: a redação da Lei de Anistia. Nesse contexto, o general João Batista Figueiredo declarou à imprensa que não tinha relação com os casos de desaparecidos durante a ditadura militar. Em resposta, Eunice fez críticas contundentes:

> Embora o presidente afirme que nada tem a ver com o caso, tal afirmação não resiste à mais rudimentar análise. Todos os presidentes a partir de 1964 têm a ver com isso e ele mais do que os outros porque participou intimamente dos governos Médici e Geisel.

Eunice tinha razão. Na trajetória do general, sua ascensão em postos centrais para a solidez da ditadura militar sempre foi evidente. Em 1964, ele foi lotado na agência fluminense do Serviço Nacional de Informações. No governo do general Arthur da Costa e Silva, em 1969, chegou ao generalato e comandou o Estado-Maior do III Exército. A posse do general Emílio Garrastazu Médici na Presidência da República, meses depois, o levou a chefe do gabinete militar do presidente. Já no governo de Ernesto Geisel, foi nomeado ministro-chefe do SNI – último cargo antes de Figueiredo se tornar presidente da República.

E justamente nesse período em que Figueiredo era chefe do SNI, em 1977, um informe foi produzido pela Agência Central do órgão identificando Rubens Paiva como falecido. O documento é o "Pedido de Busca 10/15/AC/77", datado em 20 de janeiro de 1977 – dia em que se completavam seis anos da prisão de Rubens Paiva. Localizado por mim no Arquivo Nacional, o ofício com carimbo de "confidencial" apresentava dois "Manuais de controle de atividades de elementos que tiveram seus direitos políticos suspensos pelos Atos Institucionais 1, 2 e 5".

Segundo o documento, a Agência Central do SNI estava fazendo a atualização anual da localização e das atividades das pessoas que haviam sido cassadas, que tinham tido direitos políticos suspensos ou haviam sido presas a partir dos atos institucionais editados pela Presidência desde o golpe de 1964. A ordem para a produção partiu do " Exmo. sr. Presidente da República (Geisel)", que "determinou que os referidos Manuais fossem periodicamente aperfeiçoados e atualizados a fim de bem cumprirem com a finalidade a que se destinam".

No volume I, relativo aos cassados no AI-1 e no AI-2, o nome de Rubens Paiva foi listado na folha 113. Abaixo, estava a sigla SDP, que significa "suspenso os direitos políticos", e a data da cassação de seu mandato: 10/4/1964. Na última linha sobre o ex-deputado, uma palavra confirmou a morte: "falecido". Como chefe do SNI, era Figueiredo quem reportaria ao presidente da República as informações sigilosas produzidas pela agência de inteligência. Figueiredo não admitiu em vida a existência desses ofícios ou seu conhecimento sobre o caso.

Enquanto seguiam as discussões no CDDPH, elevava-se o tom dos militares no debate sobre a anistia. Devido à pressão que já exerciam os Comitês de Anistia, Figueiredo resolveu enviar ao Legislativo, em 28 de junho de 1979, um projeto que dispunha sobre o que a ditadura gostaria de ver anistiado. A proposta dos militares acabou sendo aprovada em uma tumultuada sessão do Congresso Nacional, em 22 de agosto do mesmo ano.

No CDDPH, as derrotas da família Paiva vieram no fim de 1979. Depois de algumas reuniões debatendo o assunto, o Conselho retomou o julgamento do pedido de investigação em 5 de dezembro de 1979. Naquele momento, outras denúncias e pleitos de casos de desaparecidos também já tinham chegado ao órgão. Para frustração dos familiares, todas as demandas relativas a fatos anteriores à reabertura do CDDPH foram arquivadas.

A proposta de encerramento dos casos foi feita pelo próprio presidente do Conselho e ministro da Justiça, Petrônio Portella. Os votos contrários foram dados por Eduardo Seabra Fagundes, Barbosa Lima Sobrinho e Benjamin Albagli. No encaminhamento exposto por Portella, as investigações do Conselho deveriam ser apenas para fatos atuais, já que o item 3 do artigo 4º da legislação que criou o CDDPH fala em uma atribuição preventiva. Ao saber da decisão, Eunice disse que "o governo confessou o crime mais uma vez, como o confessou ao promulgar a Lei de Anistia, com o artigo que admite a hipótese de pessoas desaparecerem pelo fato de estarem em atividade política".

O arquivamento dos casos de desaparecidos anteriores a 1979 encerrou mais um momento do ciclo de luta por informações sobre o que ocorreu a Rubens Paiva após sua prisão. Nesse período, Eunice anunciou que começaria uma ação no Judiciário para responsabilizar o Estado pelo desaparecimento do marido.

Mesmo assim, ela seguiu pressionando políticos da oposição e setores da sociedade civil por providências – atuando como agente provocador das instituições. Apesar das derrotas, a saída dos militares da Presidência da República em 1985 e a ascensão política de alguns membros do MDB em postos-chave, como o Ministério da Justiça, abriram nova possibilidade de buscar dados sobre a morte do ex-parlamentar. Paulo Brossard, ex-conselheiro do CDDPH, assumiu o Ministério da Justiça durante o governo de José Sarney e partiu dele, em 1986, a ordem para a abertura de inquérito sobre o caso.

Capítulo 4

Militares deixam a presidência e caso é reaberto

A denúncia feita pela família sobre o desaparecimento do ex-deputado Rubens Paiva só encontrou alguma acolhida nas instituições públicas responsáveis quando os militares deixaram a Presidência da República e, paulatinamente, alguns integrantes do agora Partido do Movimento Democrático Brasileiro (PMDB), próximos à família Paiva, passaram ao primeiro escalão do governo federal. Assim, pouco mais de um ano após o início do governo de José Sarney, em 1º de setembro de 1986, a Polícia Federal instaurou o primeiro inquérito para investigar o desaparecimento de Rubens Paiva – só 15 anos após o momento da prisão do ex-deputado.

Ao abrir o procedimento, porém, a PF não agia espontaneamente. A instituição atendia a uma ordem emitida diretamente pelo então procurador-geral da Justiça Militar, Francisco Leite Chaves. Por meio do ofício nº 199/86/GAB/PGMPM, o procurador-geral atuava em coordenação com o ministro Paulo Brossard. O político assumiu o cargo em fevereiro de 1986 e pouco tempo depois começou a pressionar pela abertura de uma investigação do caso. Em reportagem publicada no *Jornal do Brasil* em 11 de abril de 1986, Brossard declarou que "o desaparecimento desse homem [Rubens Paiva] não pode ficar sem esclarecimento, até porque não se trata de um anônimo. Foi um deputado federal, todos o conheciam".

Segundo o *Jornal do Brasil*, a ação era acompanhada pessoalmente pelo presidente José Sarney.

Na declaração do ministro, ficou caracterizado o tratamento diferenciado com o qual o caso foi visto por muitos integrantes da classe política, da imprensa e até da sociedade. Embora as denúncias de assassinatos sob tortura e, em uma parte dos casos, do posterior desaparecimento guardassem inúmeras semelhanças, alguns parentes encontraram mais acolhida e interlocução do que outros junto a representantes do Estado e a jornalistas. Ao longo do processo de luta por reconhecimento dos crimes do Estado, convencionou-se chamar de "casos emblemáticos" aqueles que envolviam vítimas mais conhecidas publicamente, algumas vezes integrantes da classe média ou da elite do país. Como consequência, suas histórias também se tornaram mais conhecidas.

Assim, a justificativa pública de Brossard para uma nova apuração sobre a morte de Rubens Paiva foi de que o Conselho de Defesa dos Direitos da Pessoa Humana, último órgão a avaliar a denúncia, tinha sofrido pressões pelo arquivamento em 1971. Na mesma reportagem, o ministro declara que "o que move o governo na elucidação desse caso é que o CDDPH foi pressionado a não esclarecer nada quando o examinou, no governo Médici". O ministro fez menção àquilo que já foi observado outras vezes: a sombra que paira sob a tentativa de descobrir o que ocorreu ao ex-deputado. Pressões exercidas sempre por sujeitos não declarados, sempre indefinidos.

Ele devia saber para o que apontava, mesmo que não apontasse, pois tinha observado essas tensões de perto. Brossard foi deputado federal entre 1967 e 1971 e depois senador entre 1975 e 1983, sempre pelo antigo MDB. Como líder da oposição em 1979, os jornais da época registraram o protesto dele e de outros integrantes do partido em relação à atuação do CDDPH, com reuniões mantidas sob sigilo.

Pressões semelhantes foram enfrentadas em outras denúncias formuladas para exame do CDDPH. Na última tentativa de abertura de investigação no Conselho, em 1979, o pedido para o caso Rubens Paiva foi negado e arquivado com todas as outras denúncias sobre crimes anteriores àquele ano. No entanto, Brossard solicitou apenas uma apuração: a do desaparecimento de Rubens Paiva. Mesmo assim, a despeito de sua vontade política e de seu poder como integrante do primeiro escalão ministerial, a iniciativa do ministro de abrir um procedimento investigatório sobre a morte do ex-parlamentar enfrentou forte resistência.

O pedido de instauração de inquérito feito pela procuradoria-geral da Justiça Militar, maior cargo na hierarquia do Ministério Público Militar, ocorreu em 15 de agosto de 1986. No entanto, antes de pedir a investigação, Leite Chaves vinha tentando solicitar os documentos relativos ao caso. Em maio de 1986, ele requereu ao ministro do Exército, cargo ocupado à época pelo general Leônidas Pires Gonçalves, cópia dos procedimentos de apuração da "fuga" de Rubens Paiva instaurados pelo Exército e, sobretudo, cópia da Sindicância de 1971. A resposta do gabinete militar, em julho de 1986, foi de que a documentação tinha sido destruída junto com outros ofícios considerados sigilosos. Com a ausência do documento original, Leite Chaves localizou a leitura da Sindicância feita pelo deputado Nina Ribeiro na Câmara dos Deputados e publicada pelo jornal *O Estado de S. Paulo*, em 19 de junho de 1971.

Além disso, o processo movido por Eunice Paiva no CDDPH também teria desaparecido. Novamente o ex-conselheiro Benjamin Albagli atuou para refazer todas as provas, uma vez que ele tinha cópias do processo por ter sido seu relator em 1978. As 252 folhas que compunham os autos foram então entregues ao Ministério da Justiça, poucas horas antes de Albagli falecer. Assim, possibilitou-se embasar o pedido de instauração da primeira investigação do caso.

No pedido encaminhado à Polícia Federal, o procurador-geral iniciou sua argumentação jurídica justificando a necessidade do trabalho porque há muito tempo diversos órgãos da imprensa divulgavam dados que "comprometem o Poder Público, no tocante ao desaparecimento do ex-deputado Rubens Beyrodt Paiva, ocorrido nos idos de 1971, em circunstâncias até hoje pendentes de apuração". Leite Chaves recordou ainda o encaminhamento dado ao *habeas corpus* impetrado pela família à época da prisão de Rubens Paiva, em 1971. No arquivamento decidido pelo STM, o Exército sustentou a versão de que o ex-parlamentar "foi resgatado por grupos opositores" e informou que estava pendente uma investigação sobre a "fuga". Essa apuração do ocorrido, porém, nunca teve conclusão.

Como a Polícia Federal estava subordinada diretamente ao Ministério da Justiça, o pedido de abertura de investigação feito pelo MPM à PF, e não ao Exército, foi um movimento singular. Afinal de contas, os fatos teriam ocorrido dentro de uma unidade das Forças Armadas e envolviam servidores do Exército. A possibilidade de ter ocorrido um sequestro, segundo o procurador-geral, configuraria "ilícito encartado na Lei de Segurança Nacional" e, de acordo com o artigo 31, disposto na Lei nº 7170/83, a competência da investigação recairia sobre a Polícia Federal. Mesmo assim, como o preso estava sob custódia militar e a ocorrência envolvia uma quantidade significativa de oficiais e suboficiais das Forças Armadas, também teria sido possível instaurar um IPM, o que viria a ocorrer na sequência.

A argumentação jurídica de Leite Chaves, no entanto, escondia a preocupação com as barreiras que poderiam ser criadas dentro do Exército. De acordo com o procurador militar Alexandre Concesi, primeiro a atuar no inquérito, a opção foi realmente uma estratégia para deixar o trabalho distante dos militares e subordinado às instituições civis.

> A história que contaram foi que o Sarney encontrou-se com a dona Eunice numa reunião social. Ela falou: "ô presidente, eu preciso resolver o problema do meu status jurídico". E ele respondeu: "Ah, pode deixar que a gente vai resolver isso". Na época, o Ministério Público era subordinado ao Ministério da Justiça. Nós não tínhamos a autonomia que tivemos depois da Constituição de 1988. Então o Paulo Brossard, provavelmente de acordo com o Leite Chaves, disse "vamos abrir a investigação na PF", para então chegarmos a essa conclusão de que ele morreu e tal e aí dar atestado de óbito. Essa é uma conclusão a que eu cheguei na investigação. Aí o Leite Chaves me designou para acompanhar. Eu estava no Rio, e eu era do concurso que teve depois de muito tempo, em 1981. Isso foi em 86, cinco anos depois.

Na memória de Concesi ficou registrada uma vez mais a atuação de Eunice Paiva junto aos políticos que ascenderam ao governo federal após a saída dos militares. Além da tentativa de dar independência ao trabalho da PF, foi escolhido um procurador militar de concurso mais recente e não um antigo da carreira, ou seja, alguém que, em tese, não teria os vícios de carreira do período da ditadura militar.

Esses foram alguns passos de um plano que pareceu minimamente articulado para driblar as resistências. Mesmo assim, o anúncio da medida já se estendia desde fevereiro. O pedido de investigação chegou e mesmo assim foi possível perceber certa morosidade nesse processo, que só foi efetivamente aberto pela PF em setembro. O catalisador desse processo ocorreu a partir de uma entrevista do tenente-médico Amílcar Lobo concedida à revista *Veja* no fim de agosto.

As confissões de Amílcar Lobo

Amílcar Lobo havia trabalhado como médico na enfermaria do Primeiro Batalhão de Polícia do Exército entre 1970 e 1974, no auge da repressão política. Passado esse período, ele se tornou psicanalista e durante muitos anos atendeu seus pacientes em um consultório na zona sul do Rio de Janeiro sem que qualquer pessoa reconhecesse publicamente sua ligação com os militares. Essa identificação ocorreu em 1981, como consequência quase inevitável do processo de abertura política, e causou impacto na sociedade.

A anistia política, decidida em 1979, trouxe de volta ao Brasil um número grande de exilados, além de propiciar que os presos políticos fossem pouco a pouco libertados das cadeias onde cumpriam pena. Após quase dez anos, Inês Etienne Romeu deixou o presídio Talavera Bruce, no Rio de Janeiro. Ex-dirigente da Vanguarda Popular Revolucionária, ela foi uma das últimas presas políticas do país. Ela havia sido condenada à prisão perpétua pelo envolvimento nos sequestros dos embaixadores alemão e suíço. A bancária mineira guardou, ao longo de quase uma década, duas informações que causaram forte abalo à ditadura quando foram tornadas públicas. Antes de ser oficialmente presa pela polícia em Belo Horizonte em 1971, Inês tinha vivido um calvário de torturas entre maio e agosto daquele ano, em uma casa da Região Serrana do Rio de Janeiro, usada como cárcere clandestino pelo Exército.

Julgada e condenada à prisão perpétua, Inês teve sua pena atenuada e deixou o presídio em 1979. Ainda dentro do Talavera Bruce, a guerrilheira pediu ajuda ao repórter Antonio Henrique Lago, da *Folha de S. Paulo*, para localizar a casa onde tinha sido encarcerada e torturada. Ela havia memorizado o número de telefone mencionado por seus algozes e, ainda no presídio, pediu a Lago que fosse em busca do responsável pela linha nas listas telefônicas do estado. Quando o imóvel foi identificado, Inês denunciou a chamada "Casa da Morte", em Petrópolis, desconhecida até então, e tornou público o conteúdo do depoimento prestado à OAB – no qual disse ter ouvido de seus carcereiros detalhes sobre prisões, torturas e assassinatos de outros presos políticos. Entre eles, Rubens Paiva[14].

Na mesma semana, em 1981, a ex-dirigente da VPR também encontrou o consultório do psicanalista Amílcar Lobo e o identificou como o médico que trabalhava para seus torturadores e que a atendeu dentro da "Casa da Morte". Em uma dupla alusão a seu trabalho e nome, Lobo usava o codinome de doutor Carneiro. A descoberta foi amplamente noticiada e outros presos políticos também denunciaram que foram atendidos por ele em meio a sessões de tortura dentro do DOI-CODI do Rio de Janeiro.

A exposição pública do envolvimento de Lobo com a repressão política motivou um processo ético no Conselho Federal de Medicina. Na época, ele confirmou sua atuação no Batalhão da Polícia do Exército, embora negasse auxílio nos interrogatórios sob tortura e nada falou sobre o que sabia da morte de Rubens Paiva ou de outros desaparecidos. E foi esse personagem que reapareceu de modo decisivo para o caso Rubens Paiva por meio da edição nº 939 da revista semanal *Veja*, de 3 de setembro de 1986, mas que chegou às bancas no fim de semana de 30 e 31 de agosto.

Depois de anos vivendo no ostracismo, no interior do Rio de Janeiro, o médico resolveu romper o silêncio e admitir que atendeu Rubens Paiva na carceragem do DOI-CODI fluminense, em péssimas condições físicas. A decisão de Amílcar Lobo em contar o que sabia sobre o tempo em que trabalhou no quartel da Rua Barão de Mesquita ocorreu de modo inesperado. Já era o fim do expediente da sexta-feira, 29 de agosto, quando a repórter Martha Baptista atendeu o telefone na redação da sucursal carioca da revista *Veja*:

> Toda sexta-feira alguém era escalado para ficar até o momento que alguém, um "Deus" lá de São Paulo [sede da revista], falasse assim "olha, você pode ir para casa, você está dispensada". E havia histórias, assim, as lendas de plantão horrorosas. Eu tinha uma grande amiga na Veja, a Lúcia Rito. E a Lúcia era assim, uma pessoa muito esperta, veterana, e ela contava de um plantão em que ela simplesmente pegou um incêndio no Museu de Arte Moderna, que foi um horror, né? Então todo mundo morria de medo. Tocou o telefone, quem vai atender, quem vai atender? Eu fui e atendi o telefone e era o Amílcar Lobo.

A jornalista, especializada na cobertura da área de televisão, estava terminando o que era chamado de "plantão de fechamento", momento no qual a publicação semanal está em processo de finalização, mas todos os repórteres ficam atentos para possíveis inclusões de notícias urgentes ou atualizações nas reportagens da edição. Logo no primeiro contato, Martha diz que percebeu a ansiedade e o nervosismo da pessoa do outro lado da linha, que resistia, a princípio, até em se identificar:

> Ele ligou com uma conversinha muito assim: "Ah, eu queria falar uma coisa, mas eu não sei se eu quero. Talvez semana que vem, eu tô querendo agendar". Mais ou menos essa era a conversa dele. Eu falei: "Tá, qual é o seu nome? Quem é o senhor?" Ele falou: "Amílcar Lobo". Aí foi a minha sorte de ser bem-informada. Na hora eu me lembrei de uma matéria que tinha saído na Veja ligando ele e a Inês Etienne Romeu. Falei: "Ah, você é o Lobo, aquele". Aí eu acho que ele não só se sentiu reconhecido, como se sentiu amparado. E a conversa foi evoluindo.

Segundo Martha Baptista, o médico não disse logo de início que pretendia fazer uma confissão sobre o momento em que viu Rubens Paiva. Em meio a um clima de hesitação, ele dizia que tinha intenção de fazer revelações sobre o DOI-CODI, mas preferia marcar uma conversa para a semana seguinte. No diálogo travado com um desconhecido, coube a Martha a perspicácia de manter a conversa, acalmando e estimulando a fonte a não desistir:

> Eu só sei que a nossa conversa por telefone demorou e não me lembro se eu pedi para ele um tempo, se ele ficou esperando, ou se eu peguei o telefone dele porque eu fiquei insistindo com ele, "mas vem cá, por que você vai deixar uma coisa que tá te angustiando tanto..." Eu fiz meio o papel de psicanalista de "por que você vai deixar para, sei lá, para semana que vem? Vamos conversar logo". Quer dizer, eu senti que tinha que segurar ele. Eu não pensei que a matéria sairia imediatamente, mas eu senti que não podia deixar, que ele estava muito em dúvida, estava muito hesitante e que se eu não conversasse com ele naquele momento,

eu acho que foi bem isso, eu iria perdê-lo. Ele podia mudar de ideia. E aí, depois, agora recentemente, eu vi entrevistas da mulher dele dizendo que ela sempre foi contra ele vir a público para falar disso. Mas isso já é uma outra história. Eu conversei, conversei, conversei com ele e disse: "Fala onde o senhor tá".

Depois de um diálogo de mais de meia hora, Martha convenceu Lobo a recebê-la em seu apartamento na Tijuca, próximo ao DOI-CODI. Nesse momento, ele já tinha adiantado que o assunto era a prisão de Rubens Paiva. O próximo passo foi avisar à chefia da revista no Rio de Janeiro sobre o contato de última hora e da importância da ligação. Em poucos minutos, a direção da publicação em São Paulo também estava ciente da situação e fez orientações a Martha para conduzir a entrevista, que ocorria sem nenhuma pesquisa prévia devido ao inesperado contato:

> O José Carlos de Andrade [chefe da sucursal] ligou imediatamente para São Paulo. E aí, não sei quem atendeu ele, mas de repente ele estava falando com o Elio Gaspari. Aí eu me lembro que ele falou assim: "olha, o Elio Gaspari falou que isso é muito bom, é quentíssimo, para você ir para lá". Depois, o próprio Elio falou comigo no telefone. E, assim, eles me orientaram para eu, em nenhum momento, confrontá-lo ou coisa parecida, deixar ele falar. Tentar tirar o máximo dele, mas sem ficar espremendo, e aí também eu acho que entra um mérito meu. Porque eu nunca fui aquela repórter que chega e, sabe? "Ah, falaí!" Eu faço aquele estilo mais de ganhar confiança da pessoa. De ir com calma. É o meu jeito. Não é assim maquiavélico, mas é a minha forma de lidar com as coisas. Então eu acho que eu fui assim, a pessoa certa na hora certa. Eles disseram: "olha, você vai lá, fica o tempo que quiser porque a revista vai esperar você voltar. Vai com fotógrafo, mas não pressiona se ele não quiser foto". Tudo com o maior cuidado, faz o jogo dele... Aí eu fui morrendo de medo porque eu já estava perdida. Meu Deus! Socorro! Porque, assim, o que eles [chefia] me falaram "esse cara é um horror. Mas ele está querendo dar uma de bonzinho, faz de conta que você está acreditando nele"[15].

A conversa no apartamento de Amílcar Lobo durou pouco mais de uma hora. Além de Martha, testemunharam esse momento o fotógrafo da revista e a mulher do médico, Maria Helena de Souza. Martha disse que tentou ao máximo seguir as orientações da chefia e dar espaço para que Lobo contasse a sua versão da história:

> Eu acho que eu pedi para gravar, ele não se opôs, e eu gravei a conversa. E aí, foi assim, foi punk. Quer dizer, eu vi aquela pessoa contando exatamente como está na matéria, porque isso foi uma decisão depois quando eu voltei para a redação, né? Que aí a orientação foi "você escreve do jeito que ele te falou, não se preocupa em editar, escrever bonito, nada". Então eu ouvi. Ouvi, ouvi, ouvi. Lógico que eu fiquei assim, chocada, assustada, mas, sabe, bem serena. E assim tentei, na medida do possível, tirar o máximo dele.

A revista chegou às bancas naquele fim de semana com o relato inédito do que teriam sido, na versão de Lobo, as últimas horas de vida de Rubens Paiva. As informações foram "repercutidas" por outras publicações, como *O Globo*, *Tribuna da Imprensa*, *Jornal do Brasil* e *Última Hora*. As datas registradas nos ofícios que, enfim, permitiram a abertura das investigações, mostram como as declarações de Amílcar Lobo se tornaram um gatilho para o início desses trabalhos.

O pedido do procurador-geral para abertura do inquérito foi despachado no dia 15 de agosto, mas o procedimento só foi aberto no dia 1º de setembro, a segunda-feira após a publicação da reportagem da *Veja*. A manchete do *Jornal do Brasil* nesse mesmo dia, por exemplo, foi "Brossard manda apurar morte de Rubens Paiva". A repórter Martha Baptista, porém, não seguiu na cobertura do caso, que se estendeu até o seu arquivamento definitivo, em 1987.

Os trabalhos da Polícia Federal

Para a condução dos trabalhos do inquérito, que duraram 30 dias exatamente, foi designado o delegado Carlos Alberto Cardoso. Ainda na portaria de abertura da investigação é possível verificar o impacto das declarações de Amílcar Lobo. A primeira iniciativa do delegado, na busca para elucidar o que ocorreu a Rubens Paiva, foi intimar o psiquiatra para um depoimento.

Logo no início, o delegado também pediu que fossem anexadas as reportagens da revista *Veja* e dos jornais *O Globo*, *Tribuna da Imprensa*, *Jornal do Brasil* e *Última Hora* desde a divulgação das declarações de Lobo. Cardoso ainda enviou ofícios ao Comando Militar do Leste e ao Comando Militar do Planalto. Por meio da leitura da Sindicância feita pelo deputado Nina Ribeiro em 1971, o delegado identificou os militares que estavam na diligência em que ocorreu a "fuga" do ex-deputado e o então comandante do Batalhão de Polícia do Exército, coronel Ney Fernandes Antunes. Por isso, Cardoso pediu ao Exército que os intimasse para prestar declarações ao inquérito.

Nos autos constavam também o ofício do Centro de Informações do Exército, para a apresentação do subtenente Jacy Ochsendorf e Souza, e o do Comando Militar do Planalto e da 11ª Região para a introdução do tenente Jurandyr Ochsendorf e Souza, ambos entregues no momento em que foram prestar suas declarações. À medida que o trabalho da PF foi sendo realizado, começaram a surgir as ponderações do procurador do MPM, Alexandre Concesi, designado pelo órgão para acompanhar as investigações. Por meio de informes, o procurador fez observações e sugestões na linha de quem duvidava da versão apresentada pelo Exército.

Após o depoimento de Amílcar Lobo, por exemplo, ele pediu uma nova oitiva do médico, por acreditar que a testemunha não tinha relatado tudo que sabia. Concesi sugeriu ainda que a PF intimasse outras pessoas citadas nos depoimentos. O procurador também entregou cópia de um bilhete anônimo entregue na procuradoria e que aponta uma nova testemunha para o caso, Mariza Teixeira Láper. A investigação na PF também contou com a presença de três advogados nomeados por Eunice Paiva e um representante da OAB que acompanharam todos os depoimentos prestados na PF.

Ao todo, foram ouvidas seis testemunhas na PF. Entre os civis, a professora Cecília Viveiros de Castro e a funcionária pública Mariza Teixeira Láper. Já entre os militares, prestaram depoimento o tenente-médico Amílcar Lobo, o coronel Raymundo Ronaldo Campos, o subtenente Jacy Ochsendorf e Souza e o tenente Jurandyr Ochsendorf e Souza.

O inquérito foi concluído no dia 29 de setembro, com um relatório que apenas reconstituiu em grande parte as informações já conhecidas por meio da matéria do *JB* em 1978 sobre a prisão e a versão da "fuga". Com base nos depoimentos de Cecília e de Amílcar Lobo, o delegado informou que ficou "evidenciado" que Rubens Paiva foi visto com vida pela última vez no DOI-CODI. Por essa razão, a conclusão do procedimento limitou-se a declinar a competência para apuração do desaparecimento.

O representante do Ministério Público Militar no inquérito reagiu prontamente ao relatório de conclusão feito pela Polícia Federal. No mesmo dia, o procurador despachou uma resposta ao delegado com severas críticas ao trabalho de investigação. Concesi escreveu um ofício para "manifestar expressamente" a "mais viva preocupação com a paquidérmica lentidão com que estão sendo realizadas as investigações".

O procurador recordou as orientações já repassadas e cobrou uma série de providências não cumpridas durante o procedimento da PF. Concesi citou testemunhas que considerava essenciais e que não foram ouvidas. Entre elas estavam Marilene Corona, a segunda pessoa presa junto com Rubens Paiva, e o soldado reformado Marco Aurélio Magalhães, que deu entrevista ao jornal *Folha de S. Paulo* sobre o caso. Mas a principal crítica do procurador recaiu sobre o depoimento de Amílcar Lobo:

> Mais importante ainda, senhor delegado, é que V. Sa. conversou reservadamente, em 16/9/1986, com sr. Amílcar Lobo, transmitindo, após esse encontro, ao signatário, ao representante da OAB-RJ, aos advogados da família do sr. Rubens Paiva a impressão de que aquela testemunha nada mais sabia sobre o caso, além daquilo que já constara do seu depoimento. Entretanto, em entrevista publicada no *Jornal do Brasil* em 28 de setembro, o dr. Amílcar Lobo desmente as informações que V. Sa. nos prestou em 18 de setembro de 1986. Esteja ciente, senhor delegado, que o MPM não poupará esforços para chegar oficialmente aos nomes dos envolvidos no sequestro e desaparecimento do sr. Rubens Paiva.

A crítica ao primeiro depoimento de Amílcar Lobo na PF se fez porque, naquela ocasião, o médico informou apenas ter conhecimento sobre o nome de dois militares que trabalhavam no Pelotão de Investigações

Criminais da Polícia do Exército à época da morte de Rubens Paiva. No entanto, na entrevista citada pelo procurador e publicada no *Jornal do Brasil*, Lobo listou sete nomes[16]. O soldado Marco Aurélio Magalhães também apresentou outros sete nomes, três deles citados pelo médico. Nenhum deles foi intimado pela Polícia Federal para prestar depoimento até a conclusão do inquérito. O procurador reiterou o pedido para que a PF intimasse Amílcar Lobo para retificar suas declarações e solicitou a convocação das outras testemunhas.

Novamente, as investigações da imprensa colaboraram com o caso Rubens Paiva. Carmen da Costa Barros, uma das advogadas de Eunice Paiva, disse que ao longo dos trabalhos do inquérito da PF o jornalista Heraldo Dias auxiliou a preparação dos questionários que os advogados da viúva de Paiva submeteriam ao delegado durante as oitivas de testemunhas do inquérito. Carmen contou que "estava indo para Brasília no dia seguinte e fiquei até três horas da manhã com ele [Heraldo Dias]. Eu morava com a minha mãe ainda e o meu pai. Ele ficou me dando as informações e tal".

Entretanto, todo o esforço e mesmo as críticas de Concesi não puderam evitar o encaminhamento do inquérito à Justiça Militar e de lá à abertura de um IPM no Exército. Para ele, a ideia inicial de fornecer algum respaldo jurídico para embasar um atestado de óbito, conforme Eunice Paiva cobrava há anos, fugiu do controle a partir das declarações de Amílcar Lobo à imprensa:

> Você vai entender por que depois de 30 dias aquilo saiu da Polícia Federal. O negócio ia tomar um rumo que não era do agrado do sistema. A coisa maior que eu aprendi nessa investigação foi que você não tem forças para brigar com o sistema. O sistema é uma coisa abstrata, que não tem nome nem sobrenome, mas está aí, por cima de tudo. O que aconteceu naquela investigação? Na semana seguinte em que resolveram abrir o inquérito policial, o Amílcar Lobo deu uma entrevista nas páginas amarelas da *Veja* [a entrevista concedida a Martha Baptista] dizendo o que tinha acontecido. Isso melou o inquérito. [...] Porque de repente aquilo que era para ser uma coisa meramente formal se tornou uma coisa substancial. Então dentro dessa coisa que você quer ver procedimental, você tem que entender o seguinte: nós estávamos saindo de um regime autoritário, mas ainda não estávamos com a

> Constituição nova. Nesse ínterim, fez-se o inquérito policial da
> PF para dar uma satisfação. Politicamente para o Sarney seria o
> máximo. Já pensou? Descobrirmos o paradeiro, descobrirmos que
> ele morreu. Só que tinha uma tutela em cima disso que era o
> acompanhamento rigoroso. Tanto assim que, no meio do inquérito,
> o delegado foi conversar com o Amílcar Lobo, sozinho, no sítio
> dele em Vassouras. Aí ele veio, contou isso para nós e eu falei:
> "Como? O senhor não pode ir lá falar sozinho com um sujeito que
> está sendo investigado". Aí o delegado, meses depois, morreu [em
> um assalto]. Quer dizer, a gente não sabe os depoimentos que ele
> colheu extra-inquérito, coisa informal.

O que o procurador e os advogados de Eunice Paiva imaginavam, mas não tinham condições de provar, é que o "sistema" ao qual Concesi se refere realmente estava monitorando toda a condução da investigação. Nesse período, o SNI continuava fazendo o trabalho de inteligência e espionagem de modo similar ao que desenvolvia durante a ditadura militar. Nas pesquisas realizadas por mim no acervo do órgão de inteligência, localizei cópias de quase todos os procedimentos executados pelo presidente do inquérito, o delegado Carlos Alberto Cardoso, desde o momento da abertura do procedimento policial.

Em 2 de setembro de 1986, no dia seguinte à instauração da investigação, o ministro do SNI, general Ivan de Souza Mendes, recebeu um telex da chefia da Polícia Federal em Brasília, sem assinatura, informando sobre o início da abertura dos trabalhos. Outros documentos registram também que o SNI acompanhou cada passo dado pelos policiais, advogados e testemunhas. Os depoimentos de Amílcar Lobo e Cecília Viveiros de Castro aparecem copiados no SNI alguns dias depois. O mesmo ocorre com os militares convocados a dar esclarecimentos, como o coronel Raymundo Ronaldo Campos, por exemplo, que também teve suas declarações copiadas para o SNI. Até o relatório de conclusão do inquérito e o ofício do procurador Alexandre Concesi com críticas ao trabalho da PF foram obtidos pelo serviço secreto em 1º de outubro, dois dias depois da entrega dos autos ao juiz responsável por acompanhar o procedimento.

É importante ressaltar que esse trabalho desenvolvido pelo SNI pode ter caracterizado desvio de função. Não ficou registrado, em nenhum momento, se a PF solicitou auxílio da *expertise* da instituição para a investigação. Então o que o SNI fazia era monitorar a condução do procedimento policial para ter conhecimento do que se passava no inquérito que corria em sigilo. Um trabalho efetivo de espionagem sobre a investigação do desaparecimento de Rubens Paiva. Porém, apenas com base nesses documentos, não foi possível observar se esse monitoramento também resultou em alguma obstrução da investigação em si[17].

Com a conclusão do trabalho da PF, novo procurador militar foi designado para atuar no acompanhamento das investigações. O novo representante do MPM era Paulo César de Siqueira Castro e sua primeira ação foi uma petição ao juiz auditor da 1ª Auditoria de Exército, Oswaldo Lima Rodrigues Junior, em 9 de outubro de 1986, ressalvando a demora na abertura do procedimento de investigação no Exército e a "vulnerabilidade" com que o médico Amílcar Lobo se encontrava, em função de supostas tentativas de retaliação. Castro solicitou à Justiça Militar que o depoimento de Lobo fosse antecipado e realizado em juízo, antes mesmo da abertura do Inquérito Policial Militar. O magistrado deferiu o pedido imediatamente e o convocou para nova oitiva dez dias depois. Nesse segundo depoimento, ele confirmou as declarações feitas ao *Jornal do Brasil* e listou oficialmente os nomes dos militares envolvidos com a repressão política.

Quase um mês depois da oitiva em juízo, Castro, demonstrando evidente preocupação com o atraso do processo, fez nova petição ao juiz auditor pedindo abertura de um IPM com uma listagem específica de diligências a serem providenciadas. Ele não apenas solicitou a reinquirição de todas as testemunhas já ouvidas na PF como solicitou outros nove depoimentos. Além disso, foram realizados seis pedidos de juntada de documentos, desde a lotação funcional de Amílcar Lobo, passando pelos prontuários médicos feitos por ele no Batalhão da Polícia do Exército até a relação nominal de todos os integrantes do Pelotão de Investigações Criminais do BPE e do DOI-CODI em janeiro de 1971. A inquietação frente às dificuldades para se elucidar o caso fez com que Castro listasse questões para o novo condutor do inquérito responder:

> a) apurar quem convocou o então ten. médico Amílcar Lobo para prestar atendimento médico ao preso Rubens Paiva, e por ordem de quem? b) quais os postos e graduações, nomes e funções do

> pessoal da ESCALA DE PERMANÊNCIA [grifo deles]ao PIC/11º BPE e do DOI-CODI do então 1º Exército, no período de 15 a 30 de janeiro de 1971? c) quais os nomes dos presos recolhidos nas celas + contíguas à do preso Rubens Paiva? d) qual o posto e o nome do oficial que acompanhou o então ten. Amílcar Lobo à cela do preso Rubens Paiva na noite em que o referido tenente médico prestou assistência, devendo esclarecer se pertencia ao PIC/1º BPE, ao DOI-CODI do então comando do 1º Exército ou da 2ª seção do Estado Maior do Exército?[18]

Ao examinar o pedido, o juiz auditor também da 1ª Auditoria, Paulo Jorge Simões Corrêa, decidiu encaminhar os autos para o general comandante do Comando Militar do Leste, para que se tomassem as "providências cabíveis". Na argumentação do magistrado, "não cabe ao juiz, no caso, examinar a pertinência ou não do pedido, sob pena de invadir a esfera de atribuições do Ministério Público".

Ao longo do desenvolvimento da investigação foi possível perceber que as instituições não agiram diretamente para restringir a investigação, mas, com exceção do MPM, todas se valeram da morosidade e do repasse de competência para não se envolver efetivamente. Nenhuma delas parecia querer o ônus de ser a responsável pelo fracasso dos trabalhos, mas também não assumiam o protagonismo de investigar a fundo as responsabilidades de um crime envolvendo militares. A situação exemplificou de modo prático como a transição da ditadura militar brasileira para a construção de um estado democrático foi feita a partir de políticas de silêncio.

O caso volta ao Exército

Com a declinação de competência feita pela Polícia Federal, a investigação sobre a morte de Rubens Paiva retornou, por determinação judicial, ao âmbito do Exército em 30 de dezembro de 1986 – quase três meses depois da conclusão da PF. A portaria de abertura do IPM foi assinada pelo então chefe do Comando Militar do Leste, general Rubens Mario Brum Negreiros, que designou como encarregado do IPM o general Adriano Aúlio Pinheiro da Silva.

O IPM foi desenvolvido no Palácio Duque de Caxias, no Centro do Rio de Janeiro, em duas etapas. A primeira iniciou-se em 5 de janeiro de 1987 e se encerrou em 25 de fevereiro de 1987, com a apresentação de um relatório de 25 páginas. Um aspecto que me chamou a atenção logo nas primeiras páginas do IPM foi uma clara orientação para responder e atender a todos os quesitos listados pelo MPM na petição entregue à Justiça Militar. No primeiro despacho do general, ele requisitou as folhas de alteração de Amílcar Lobo, convocou testemunhas já ouvidas na PF e pediu os nomes completos e as lotações dos militares não intimados anteriormente.

Ao todo, foram expedidos seis despachos para convocação de testemunhas e requisição de documentação. Todas as pessoas que já tinham se apresentado na PF foram intimadas novamente e outras sete, sobretudo militares citados em entrevistas e solicitados pelo MPM, também foram ouvidas no IPM. O general encarregado fez questão de ressaltar no relatório final que também ouviu o chefe do CODI à época da prisão de Rubens Paiva, major Francisco Demiurgo Santos Cardoso, embora o MPM não tivesse incluído seu nome na lista de requisições ao IPM.

Além disso, ele reiterou que solicitou às unidades do Exército todos os documentos pedidos pelo procurador-geral, e o general pontuou a decisão dele de demandar outros ofícios: jornais da época do crime, registros da 19ª Delegacia de Polícia que atendia à região da ocorrência, documentação do Comando Geral do Corpo de Bombeiros sobre o atendimento ao incêndio do veículo militar, os atendimentos médicos de Amílcar Lobo nos hospitais da Lagoa e de Ipanema e, ainda, o registro da 96ª Delegacia de Polícia (Vassouras), sobre um suposto atentado sofrido pelo psiquiatra como retaliação.

Na apresentação de resultados do IPM, o general fez um resumo das principais informações extraídas das declarações das testemunhas, e foi nesse momento que começou a se evidenciar o limite de sua investigação. Ao analisar os depoimentos isoladamente, é necessário ressaltar os detalhes aqui considerados cruciais. Cecília Viveiros de Castro e Marilene Corona, as duas pessoas que foram presas junto com Rubens Paiva, solicitaram que um advogado acompanhasse o momento do termo de declarações, mas o general negou a solicitação de ambas, "considerando a relevância que o sigilo das investigações impõe na presente fase do inquérito". Uma justificativa pouco compreensível, já que o próprio artigo referido pelo general para recusar a presença dos advogados diz somente que "o inquérito é sigiloso, mas seu encarregado pode permitir que dele tome conhecimento o advogado do indiciado".

Os depoimentos de Cecília e Marilene foram os únicos que arrolavam dois militares como testemunhas das declarações. Todos os outros foram assinados exclusivamente pelo general encarregado, pelo escrivão e pela testemunha. Nessas circunstâncias, levando em consideração a situação vivida por ambas em 1971, Marilene se reservou o direito de depor apenas em juízo, e Cecília informou que não tinha nada a acrescentar em relação ao depoimento prestado na PF. Entre os militares, com exceção de Amílcar Lobo, nenhum deles assumiu qualquer fato em relação à tortura, à morte ou ao desaparecimento de Rubens Paiva. Todos limitaram suas declarações a corroborar a versão do Exército produzida em 1971.

Nos termos de declarações não ficou claro se o general encarregado realmente tentou fazer alguma investigação, esclarecer o caso e verificar as informações dadas pelos militares do DOI-CODI que estavam na unidade durante a prisão de Rubens Paiva. No relatório final, o general só registrou ter dúvidas em relação às declarações de Amílcar Lobo, ao levantar dúvida sobre o fato de o médico não se lembrar de alguns nomes de militares que o acompanharam na noite em que ele disse ter visto Rubens Paiva ferido dentro do DOI-CODI. O general também informou, por exemplo, que não encontrou registros de atendimento médico de Lobo nas ocasiões em que ele disse ter sofrido atentado contra a sua vida.

Desse modo, ao responder aos principais quesitos formulados pelo MPM, o general se apoiou nas negativas dos militares para dizer no relatório que não foi possível saber o nome do militar que acompanhou Amílcar Lobo no atendimento a Rubens Paiva – já que o médico também não se recordava. As omissões na apuração do caso se apresentaram pela forma como foram conduzidos os depoimentos e não pela ausência de cumprimento dos pedidos, como na PF. Assim, o Exército atendeu às solicitações à sua maneira.

O general também anexou as respostas do Comando Militar do Leste (CML) sobre a impossibilidade de localização de vários documentos pedidos, como a escala de serviço de 15 a 30 de janeiro, já que teriam sido supostamente destruídos. Pouco antes da conclusão, o general apresentou um tópico chamado "Outras Considerações", no qual teceu apresentação e análise sobre algumas instituições do Exército. A primeira é o extinto

DOI-CODI. O general sustentou que foi necessário entender o motivo da criação do órgão:

> Foram criados em época difícil para o país, quando proliferavam as ações de subversão, de terrorismo e de guerrilhas, destinando-se aquele órgão, especificamente, portanto, a combatê-las. Assim sendo, admitem-se normais, para aquela época assaz conturbada, as atividades de interrogatórios, análises e detenções. A Segurança Nacional e a paz social assim os exigiam; a sustentação do regime democrático se impunha. Por tudo isso, os documentos sobre os DOI-CODI tinham o caráter de "ULTRA-SECRETOS", significando, em síntese, que poucas pessoas tinham acesso a eles.

Restaram ainda dois pontos de "consideração" feitos pelo general. Um foi sobre o Pelotão de Investigações Criminais. O encarregado do inquérito lembrou que as unidades existem em todos os batalhões de Polícia do Exército para tarefas próprias de polícia técnica e científica e apoio e custódia nas prisões militares, entre outras funções. Para demonstrar uma distância funcional entre o DOI-CODI e o PIC, acolhendo argumento amplamente defendido nos depoimentos de alguns militares que negam o envolvimento com interrogatórios, o general explicou:

> Deve-se considerar normal, considerada à época de emergência aludida anteriormente, da qual adveio a necessidade de criação dos DOI-CODI, que à falta absoluta de instalações próprias, os presídios dos PIC, não só do 1º BPE, como o dos demais, tenham sido utilizados, sem qualquer laço funcional, para acolher os presos políticos sob custódia dos DOI-CODI. Hoje, como é sabido e noticiado pela imprensa, já é fato superado.

Por fim, o general também salientou o surgimento do que chama de "carta apócrifa", publicada no *Jornal do Brasil* em 6 de fevereiro de 1987, contendo nova versão para o caso Rubens Paiva. Segundo o jornal, uma carta anônima foi entregue ao então secretário de Polícia Civil, Nilo Batista, com informações de que o corpo estaria enterrado em uma região da praia do Recreio dos Bandeirantes. O autor da carta também acusou o brigadeiro João Paulo Moreira Burnier de atirar na cabeça de Rubens Paiva e deu o nome de dois oficiais envolvidos no enterro: o coronel Ary Pereira de Carvalho e o capitão João Câmara Gomes Carneiro.

O general, no entanto, considera a versão "estranha, risível até quando assegura que um oficial general da Força Aérea Brasileira, jocosamente apontado como 'todo poderoso', teria dentro de quartel do Exército, ou mais precisamente no PIC do 1º BPE, dado um tiro na cabeça da vítima". O encarregado do IPM não encarou a nova informação como um dado a ser apurado. Ele demonstrou em seu relatório justamente o contrário:

> Ao indicar o nome de um coronel do Exército como tendo participado do "enterro" do referido ex-parlamentar, a aludida carta anônima busca insinuar, maldosamente, uma ilação com outro inquérito recente ainda, de repercussão nacional, envolvendo militares.

A conclusão do IPM

O relatório final da apuração do caso feita pelo general Adriano Aúlio Pinheiro da Silva demonstrou de modo evidente as dificuldades enfrentadas no processo de luta pelo esclarecimento das prisões e mortes de opositores à ditadura logo após o retorno dos governos civis. O primeiro fato apontado no início do texto de conclusão, antes mesmo de relacionar o foco principal da investigação, é a própria cassação do mandato de Rubens Paiva, no início da ditadura: "Ressalta-se que o ex-deputado federal RUBENS BEYRODT PAIVA foi cassado em abril de 1964, pelo Ato Institucional nº 1 evidentemente por motivos políticos". Ressalte-se, o investigador iniciou o relato sobre o caso de um desaparecimento relembrando que a vítima era um parlamentar cassado.

O general ressaltou que ao longo dos trabalhos foi possível verificar duas versões para os fatos. A morte do ex-deputado sob tortura dentro das instalações do Batalhão da Polícia do Exército, baseando-se nos relatos de Amílcar Lobo e Cecília Viveiros de Castro. A outra foi a do sequestro por grupos de resistência à ditadura militar, segundo os depoimentos dos militares. Em nenhum momento o encarregado do IPM colocou em dúvida ou apresentou contradições sobre os depoimentos feitos pelos colegas de farda. No entanto, ele o fez em relação a Amílcar Lobo ao dizer que a versão da morte se baseia exclusivamente em sua palavra, e o general sublinha que o médico não chegou a ver a vítima morta. O IPM também registrou críticas à recusa de Cecília em falar sem a presença de um advogado, o que dificultou corroborar a versão de Amílcar Lobo.

A conclusão sobre o desaparecimento de Rubens Paiva apresentada no IPM foi de que não restavam dúvidas de que o ex-parlamentar foi preso por motivos políticos e custodiado no quartel da Polícia do Exército, após ser ouvido no DOI-CODI. Mas não foi possível apurar a autoria de nenhuma das duas versões apresentadas para o seu desaparecimento. A justificativa, risível, do oficial foi de que não havia testemunha da morte nas instalações militares, mas também nenhum integrante de organizações que recorreram a ações armadas assumiria a autoria de um suposto sequestro.

Assim, sustentou o general, não se chegou aos responsáveis pelo desaparecimento. Ele ainda foi mais longe. Disse que não foi possível assegurar a morte de Rubens Paiva. Mesmo antes de encerrar a apresentação de suas conclusões sobre as duas versões, o general Adriano Aúlio Pinheiro da Silva destacou a barreira que trava os avanços ao longo de todos aqueles anos de discussões sobre a busca das circunstâncias dos crimes que envolvem as vítimas da ditadura militar: a Lei de Anistia. Para ele, qualquer uma das versões que surgiram na investigação recairia sobre a norma.

O comandante militar do Leste, general Rubens Mario Brum Negreiros, homologou o resultado dos trabalhos do IPM em 27 de março de 1987, pouco mais de um mês depois da entrega dos autos ao órgão. O repasse ao juízo e ao MPF só se deu mediante pressão de ambos por meio de ofícios que cobram do CML a remessa imediata da documentação.

Ao acessar o conteúdo integral do IPM, o Ministério Público Federal novamente recusou a conclusão e questionou a falta de permissão para que os advogados de Cecília Viveiros de Castro e Marilene Corona acompanhassem seus testemunhos. Carmen da Costa Barros, uma das advogadas de Eunice Paiva, recordou que, desde que o trabalho saiu da PF e foi encaminhado para o Exército, os representantes legais da família e a OAB foram impedidos de acompanhar os depoimentos: "Lá era outra coisa. Eram só eles, a gente não tinha acesso. Só pegava [a cópia do depoimento] depois".

Além disso, foi reiterada nova lista de cinco testemunhas, entre as quais uma havia sido solicitada, mas não ouvida: o capitão João Câmara Gomes Carneiro. Já entre as novas testemunhas estavam o ex-comandante do I Exército, general Silvio Frota, o ex-comandante do DOI-CODI no Rio de Janeiro, general

Adyr Fiúza de Castro, o ex-preso político Edson Medeiros e mais uma vez o médico Amílcar Lobo. A solicitação do procurador Paulo César de Siqueira Castro foi para que essas testemunhas fossem ouvidas antecipadamente em juízo em função das enfermidades e da idade avançada de algumas, já que os comandantes militares tinham mais de 60 anos.

O juiz auditor da 1ª Auditoria de Exército, Oswaldo Lima Rodrigues Junior, decidiu deferir o depoimento de Cecília Viveiros de Castro e Marilene Corona em juízo, mas o restante dos depoimentos devia ser tomado no âmbito de um complemento do inquérito no Comando Militar do Leste. Assim, em 21 de maio de 1987, o general Wladir Cavalcanti de Souza Lima foi designado para o trabalho, em substituição ao general Adriano Aúlio Pinheiro da Silva, que havia sido colocado na reserva remunerada. O CML também tinha um novo dirigente nessa época, o general Waldir Eduardo Martins.

O novo encarregado do IPM imediatamente convocou as testemunhas pedidas pelo MPM para prestar esclarecimentos na mesma semana. A ata do depoimento do general Silvio Frota denotou um tratamento diferenciado aos militares ouvidos no complemento do inquérito. O presidente do inquérito informou um interrogatório de 45 minutos de duração. Porém, o conteúdo descrito tem menos de uma página e limitou-se a dizer que Frota ainda não era comandante da unidade na época do crime. O I Exército, em 1971, era o órgão que na hierarquia comandava o DOI-CODI e seu chefe era o responsável maior por toda a estrutura.

O general Adyr Fiúza de Castro também declarou apenas que trabalhava no Estado Maior do I Exército e não tinha maior conhecimento sobre o desaparecimento de Rubens Paiva. Edson Medeiros estava preso na carceragem do PIC e disse ao jornal *O Globo* ter visto um preso ensanguentado com características físicas semelhantes às do ex-parlamentar. Esse foi o motivo da convocação. No entanto, em seu depoimento, o encarregado apenas confirmou oficialmente essas declarações sem questioná-lo sobre a estrutura e os integrantes dos interrogatórios.

Em junho de 1987, o procurador militar Mário Elias Miguel substituiu o procurador Paulo César Siqueira Castro. O motivo não foi identificado, pois nos autos ficou apenas uma referência a um pedido de afastamento feito por Castro. Miguel foi quem concluiu a investigação um ano após a abertura. Antes disso, e dando sequência às cobranças feitas pelos colegas anteriores, ele cobrou o encarregado do IPM pelas omissões relatadas.

Pela sexta vez, o MPM solicitou que mais dados fossem requeridos aos depoentes. E novamente eles foram reinquiridos no IPM, mas nenhum dado novo surgiu. O procurador juntou nesse período as conclusões do relatório da Polícia Civil do Rio de Janeiro, que investigou a possibilidade de Rubens Paiva ter sido enterrado na praia do Recreio dos Bandeirantes. As escavações duraram quase seis meses, mas só foram encontrados fragmentos ósseos de um animal mamífero aquático de grande porte. As buscas foram encerradas por não encontrar indícios de que o corpo do ex-deputado tivesse sido enterrado naquele local.

Pouco mais de dois meses após assumir o acompanhamento das investigações, em 12 de agosto de 1987, o procurador militar Mário Elias Miguel pediu ao juiz auditor o arquivamento do inquérito. No ofício à Justiça Militar, Miguel repassou todo o caminho da apuração desde os trabalhos da PF. Para ele, os testemunhos de Cecília Viveiros de Castro, Marilene Corona e Amílcar Lobo demonstraram tanto a prisão como os maus-tratos sofridos pelo ex-parlamentar. Já os militares diretamente envolvidos nos acontecimentos não disseram tudo que sabiam sobre os fatos:

> Nesse contexto, a verdade foi perseguida tenazmente, posto que várias testemunhas procuraram obscurecer o conhecimento real das ocorrências, e não mereciam fé, tendo o MP de buscar as conclusões indicadas pela lógica, após o cotejo de versões apresentadas em diversos depoimentos. Daí a defluir a conclusão lógica de que o sequestro de um preso, na diligência do Alto da Boa Vista, se realmente ocorreu, não terá sido do ex-deputado Rubens Paiva.

O procurador recordou ainda que o Exército informou ter destruído a documentação da Sindicância, a mesma que existia no arquivo do SNI. Miguel sustentou que os militares entraram em contradição ao declarar no IPM que apenas "após a chegada ao quartel, através da Sindicância ou pelo noticiário da imprensa", foi que ouviram o nome de Rubens Paiva. Na Sindicância, todos eles confirmaram que o preso conduzido dentro do veículo que sofreu o suposto ataque era o ex-deputado.

Contudo, ao concluir sua argumentação pedindo o arquivamento, o procurador admitiu que, apesar de todo o esforço feito ao longo da investigação, não se produziu nenhuma prova material sobre o assassinato do ex-parlamentar nas dependências do Exército, "embora tudo leve a crer que ele tenha morrido naquele local, por tudo que consta dos autos, em especial pelo depoimento do médico dr. Amílcar Lobo; corroborado por amplo campo indiciário".

Miguel também confirmou que as investigações não conseguiram identificar o autor das agressões cometidas contra Rubens Paiva, conforme denunciaram Cecília Viveiros de Castro e Marilene Corona. Em um momento inédito, o MPM recordou que também Marilene sofreu choques elétricos em seu interrogatório e classificou como "injustificável" que "atos de terrorismo" tenham sido coibidos com a aplicação de torturas e sevícias. O procurador enfatizou que essas situações seriam exceções:

> É preciso enfatizar que essas atitudes de abuso de poder são isoladas; não comprometerão jamais as gloriosas tradições de nossas Forças Armadas, que têm legado ao povo brasileiro os melhores exemplos de patriotismo, de amor à pátria. Daí porque, embora em vigor a Lei de Anistia, buscou o MP identificar o autor ou autores de torturas (ou de eventual homicídio) ao ex-deputado Rubens Paiva, os quais não representam as tradições e a doutrina em que foram educados.

Para o procurador, embora o IPM não tenha alcançado seu objetivo de chegar ao esclarecimento do desaparecimento de Rubens Paiva e a seus responsáveis, o inquérito "trouxe-nos a lição de que, por mais especiosas que sejam as justificativas, nada justifica a tortura como sistema repressivo". Ao final, argumentou o último procurador do caso que, mesmo que tivesse sido alcançada a identificação da autoria do homicídio ou da tortura, "estaríamos diante de um crime político anistiado pela Lei nº 6.683, de 28/8/79". E essa foi a base do seu pedido de arquivamento.

Nesse contexto, a decisão do juiz auditor da 1ª Auditoria de Exército, Oswaldo Lima Rodrigues Junior, em 2 de setembro de 1987, foi absolutamente surpreendente. Com frequência, o Judiciário é apontado como o principal entrave para o avanço da interpretação e aplicação da Lei de Anistia. Mas, mesmo apenas dois anos após o fim da ditadura militar e ainda no âmbito da Justiça Militar, o magistrado indeferiu o pedido de arquivamento, deixando a decisão inteiramente sob a responsabilidade do MPM. Para Rodrigues Junior, a postulação feita pelo procurador tem um caráter de denúncia, inclusive apontando os nomes de alguns militares reconhecidos pelas testemunhas. Mas o MPM não apresentou ao juiz.

O magistrado sustentou que não foi a totalidade do povo brasileiro que recebeu anistia, mas todos que comprovadamente cometeram crimes políticos ou conexos. Rodrigues Junior chegou a destacar a palavra "comprovadamente" em seu despacho:

> E aqui, quando se fala em comprovadamente, é perante o Estado-Juiz, pois tal reconhecimento de motivação política no cometimento do crime não fica ao talante da autoridade policial ou de qualquer outro segmento do Poder Executivo. Portanto é ponto absolutamente pacífico a exclusividade do Poder Judiciário para o exame e regulamentação concreta dos fatos, ocorridos entre 1961 e 1979, subsumíveis na Lei de Anistia.

Rodrigues Junior finalizou defendendo que, se o procurador responsável tivesse ofertado denúncia, esse inquérito permitiria a aplicação da anistia para extinção da punibilidade dos culpados pela morte de Rubens Paiva. O devido processo legal também encerraria "mais um triste episódio nacional e, simultaneamente, exercitaríamos um elementar direito de cidadania: ao nascer, o cidadão tem direito a uma certidão de nascimento e, ao morrer, um atestado de óbito".

À época da decisão final, 13 de outubro de 1987, o cargo de procurador-geral da Justiça Militar já era ocupado por Eduardo Pires Gonçalves, e não mais por Francisco Leite Chaves. Gonçalves arquivou o caso com interpretação semelhante à do procurador original, colocando um ponto final na segunda iniciativa da busca pelas circunstâncias que envolveram o desaparecimento e a morte de Rubens Paiva. O novo procurador-geral era ninguém menos que o irmão do então ministro do Exército, general Leônidas Pires Gonçalves, ex-chefe do DOI-CODI do Rio de Janeiro.

Rastros deixados pelo IPM

Ao longo de um ano, entre 1986 e 1987, a investigação esteve a cargo do delegado da Polícia Federal Carlos Alberto Cardoso e dos generais Adriano Aúlio Pinheiro da Silva e Wladir Cavalcanti de Souza Lima. O

Ministério Público Militar designou procuradores para acompanhar a condução do procedimento e teve papel decisivo para que a investigação fosse mais efetiva na busca das circunstâncias da morte.

Foram realizados seis despachos ao longo desse período, apenas para cobrar complementações aos trabalhos feitos pela PF e pelo Exército. Estiveram nessa posição três procuradores: Alexandre Concesi, Paulo César de Siqueira Castro e Mário Elias Miguel. No entanto, a investigação nem sequer teria iniciado sem a pressão de Eunice Paiva e depois da determinação do então ministro da Justiça, Paulo Brossard, e da iniciativa do procurador-geral do MPM, Francisco Leite Chaves.

A investigação iniciou-se na Polícia Federal, mas encerrou-se somente após o IPM do Exército. Ao longo dos trabalhos, é nítida a tensão no avanço dos detalhes. Todos os encarregados diretos pela investigação na PF e no Exército usaram a burocracia das instituições para protelar o desfecho, amparando-se em supostas destruições de documentos para atrasar a investigação. A PF não atendeu a todos os pedidos do MPM, deixou de ouvir testemunhas solicitadas e, assim que se aproximou do prazo, declinou a competência.

Ao mesmo tempo, a opção por deixá-la a cargo dos trabalhos também pareceu ser uma tentativa do Ministério da Justiça de afastar as Forças Armadas do poder sobre as buscas, o que terminou frustrado com a transferência para a Justiça Militar. Já quando o Exército assumiu os trabalhos, a Força demonstrou cumprir as ordens, honrando inclusive seu lema de hierarquia, disciplina e ordem. No entanto, as testemunhas civis foram colocadas outra vez em uma posição constrangedora. Como vimos, depois de terem sido submetidas à tortura no DOI-CODI, uma vez que já torturadas por militares, recusaram-se a falar sem a presença de advogados, o que lhes foi negado pelo general a cargo do procedimento.

O juiz auditor Oswaldo Rodrigues Júnior teve um papel decisivo desde o início, ao atender a maioria das solicitações do MPM. Foi a partir de suas decisões que as testemunhas civis puderam ser ouvidas em juízo, antecipadamente. Rodrigues Junior também funcionou como uma pressão adicional para a abertura do IPM no Exército, com quase três meses de atraso em relação à conclusão dos trabalhos da PF.

Ao longo de 1 ano de investigação foram ouvidas 19 testemunhas, das quais apenas quatro eram civis. É necessário observar que a lista de testemunhas foi crescendo à medida que Lobo e outros deram entrevistas à imprensa. O testemunho inicial à revista *Veja* funcionou como estopim para a abertura das investigações, mas ao longo desse período, como citado anteriormente, surgiram novas testemunhas a partir de entrevistas dadas à imprensa.

Embora não tenha sido possível chegar aos autores ou a uma confissão sobre a morte de Rubens Paiva, o procedimento conseguiu de alguma forma reconstruir parte da cadeia de funcionamento do DOI-CODI e do PIC e identificar a divisão de responsabilidades internas, o que também recai sobre possíveis imputações ao crime, embora a própria hierarquia e a disciplina sejam pouco observadas pelos próprios investigadores como elementos de intensificação das buscas. Apesar de oficiais subalternos terem responsabilidade sobre suas tarefas, o comando não é deles e torna-se inverossímil acreditar que fatos tão graves tenham ocorrido sem nenhuma consulta ao comandante.

O então comandante do DOI, general José Antonio Nogueira Belham, sequer foi mencionado ou ouvido em todo o procedimento, como se as Forças Armadas ignorassem que ele foi o chefe da unidade na época. Anos depois, o jornalista Elio Gaspari registrou a informação sobre Belham em sua coletânea de livros sobre a ditadura militar.

Os documentos reunidos também são outro aspecto interessante. Tanto o MP quanto o Exército juntaram à investigação apenas as folhas de alteração de Amílcar Lobo, que guardam o histórico de lotações, movimentações, transferências, elogios, promoções, desde que o militar entra para o serviço até a sua saída. É um extenso documento sobre a carreira e seria de fundamental importância conhecer os detalhes dos trabalhos dos outros militares que foram ouvidos no inquérito. A Sindicância, localizada por mim para esta pesquisa, não foi encontrada na época, sob a alegação de que foi destruída. As fichas médicas, registros de presos e escala de serviço do dia do crime também teriam sido destruídos. Um documento novo importante que surgiu, mas não no âmbito do inquérito, foi a carta anônima à Polícia Civil indicando o local onde o corpo do ex-parlamentar teria sido enterrado.

Na trajetória pelo esclarecimento sobre o caso, restou a derrubada formal da versão oficial do Exército. Em 1971, também não se tinha as circunstâncias oficiais da prisão, o que foi possível obter a partir do testemunho de Cecília Viveiros de Castro e Marilene Corona. O depoimento de Amílcar Lobo também põe em contradição completa a possibilidade da fuga. É a partir daí que começou a se desconstruir a versão oficial do Exército sobre a suposta fuga do ex-deputado.

Rubens Paiva no Colégio Arquidiocesano, em São Paulo. Rubens é o último do lado direito, na terceira fileira, de cima para baixo.

Casamento de Eunice e Rubens Paiva, em 1952.

O casal Eunice e Rubens Paiva.

Momentos de alegria.

Cumplicidade e união.

Em 1965, Eunice, Rubens Paiva e os cinco filhos: Ana Lúcia, Beatriz e Marcelo (sentados), Eliana (em pé) e Vera com a avó paterna, Aracy.

Rubens Paiva em campanha para deputado federal, em 1962.

Almino Affonso e Rubens Paiva quando eram deputados, durante a CPI do Ibad.

Rubens Paiva com Beatriz, uma de suas filhas, na frente da casa no Leblon, no Rio de Janeiro.

Eunice Paiva

Rubens Paiva

Imagem de Eunice Paiva em passaporte diplomático.

Carteira de identidade do período em que Rubens Paiva foi deputado federal.

Rubens Paiva com exilados na Embaixada da Iugoslávia, em Brasília, em maio de 1964.

Eunice Paiva na faculdade de Direito da Universidade Mackenzie.
Ela iniciou o curso em 1973 e formou-se aos 47 anos.

Capítulo 5

Uma Comissão Nacional da Verdade cinco décadas depois

A busca pela identificação dos responsáveis pelo desaparecimento de Rubens Paiva ganhou novos e decisivos contornos a partir de 2011, com a instalação da Comissão Nacional da Verdade. Em meio aos trabalhos da CNV, foram obtidos dois depoimentos inéditos de militares envolvidos na sindicância de 1971 e no IPM de 1986/1987, com novas informações sobre as circunstâncias da prisão e da morte do ex-deputado.

O contexto em que a criação da CNV ocorreu foi fundamental para permitir que novas informações sobre um desaparecimento surgissem e fossem investigadas. A Comissão era uma antiga demanda de setores da sociedade ligados a grupos de direitos humanos, familiares de vítimas da ditadura militar, além de sobreviventes do período que cobravam investigações oficiais do Estado sobre as violações de direitos humanos.

Os familiares estavam desde os anos 1970 lutando para obter informações sobre seus entes queridos, enfrentando inclusive possíveis retaliações em plena ditadura ao promover investigações independentes. O auxílio era oriundo apenas de entidades da sociedade civil, como a OAB, a ABI e a Comissão de Justiça e Paz da Arquidiocese de São Paulo. Até a instalação da CNV, os órgãos de Estado nunca foram instados a apurar desaparecimentos ou execuções contra opositores políticos. Os familiares das vítimas, porém, nunca desistiram.

Foi por esforço próprio, por exemplo, que Suzana Lisboa conseguiu localizar a sepultura de seu marido, Eurico Tejera Lisboa, ainda durante o governo do general João Figueiredo. No Encontro Nacional das Entidades de Anistia no Rio de Janeiro, em 1979, surgiu a denúncia de que presos políticos foram enterrados como indigentes no cemitério Dom Bosco, em Perus, na capital paulista. Como o marido havia desaparecido em São Paulo, Suzana localizou no registro de óbitos do cemitério o sepultamento de um homem chamado Nelson Bueno, morto em setembro de 1972. A identificação era a mesma usada por Eurico na clandestinidade. De posse do restante das informações, ela e integrantes da Comissão de Familiares de Mortos e Desaparecidos Políticos foram ao local informado no cemitério como o da morte de Nelson Bueno: uma pensão no bairro da Liberdade. Prontamente, os moradores identificaram a foto de Eurico como sendo o "moço que se suicidou ali".

Depois disso, sempre em iniciativas isoladas ou com auxílio da imprensa, parentes de vítimas da ditadura militar seguiram localizando documentos, pistas e o mais que fosse possível. Com o trabalho investigativo do jornalista Caco Barcellos, foi identificada uma vala clandestina para enterro coletivo de indigentes também no cemitério Dom Bosco, no bairro de Perus, em São Paulo, em 1990. Nesse local, que ficou conhecido como a "Vala de Perus", além de mortos que não tiveram os corpos reclamados por familiares, foi ocultado um grupo de guerrilheiros assassinados no DOI-CODI de São Paulo[19].

A descoberta da vala provocou a criação de uma CPI na Câmara de Vereadores de São Paulo e a instauração de uma Comissão de Representação Externa de Busca por Desaparecidos Políticos na Câmara Federal, ambas ainda em 1990. Sob a presidência do deputado Nilmário Miranda, os trabalhos no Congresso Nacional seguiram até 1994, requisitando documentos, colhendo depoimentos, e se transformaram em um dos principais pontos de pressão sob Fernando Henrique Cardoso, então presidente da República. Ele resistia aos pleitos dos familiares para enfrentar a questão e promover o reconhecimento da responsabilidade do Estado sobre os crimes.

Alguns episódios dessa resistência do governo ficaram conhecidos. O primeiro ocorreu após a visita de Pierre Sané, então secretário-geral da Anistia Internacional, em 1995. Na ocasião, Sané disse que FHC entendia o tema como "complicado demais". Dias depois, em visita aos Estados Unidos, o presidente foi questionado publicamente por intelectuais sobre o assunto. Entre eles estava Ângela Harvaky, irmã do desaparecido Pedro Alexandrino de Oliveira. E a pressão só aumentou. Em artigo na revista *Veja*, em 1995, Marcelo Rubens Paiva cobrou de Fernando Henrique Cardoso, que fora amigo de seu pai, o reconhecimento da responsabilidade da União pelas vítimas da ditadura. Em suas memórias, FHC registrou:

> Saiu na *Veja* uma matéria do Marcelo [Rubens] Paiva sobre o desaparecimento de Rubens Paiva, citando frases minhas sobre seu pai, pessoa por quem sempre tive enorme amizade e admiração. O rapaz tem razão, o pai foi morto, ninguém assumiu, eles estão me cobrando... O fato de os argentinos terem reconhecido a culpa talvez nos leve a ter alguma margem de manobra na área militar para discutir essa delicadíssima questão, mas não posso deixar de dar uma atenção ao reclamo das famílias dos desaparecidos, até porque esses desaparecimentos foram uma coisa abominável.

Após todas essas pressões, o presidente cedeu, enfim, com o envio de um projeto à Câmara dos Deputados que resultou na Lei nº 9.140: a primeira legislação criada após a saída dos militares reconhecendo o desaparecimento de 136 pessoas "por terem participado, ou terem sido acusadas de participação, em atividades políticas, no período de 2 de setembro de 1961 a 15 de agosto de 1979". A partir da mesma lei foi criada a Comissão Especial sobre Mortos e Desaparecidos Políticos para analisar o reconhecimento de outros casos de pessoas executadas ou desaparecidas e não identificadas no Anexo I da lei. Nos meses seguintes, foram protocolados 339 pedidos, dos quais a CEMDP chancelou 221 vítimas. Na lista inicial da Lei nº 9.140, enfim, o Estado brasileiro reconheceu a morte do ex-deputado federal Rubens Paiva.

Apesar do reconhecimento, a norma foi considerada limitada e sofreu críticas de familiares e juristas. A principal queixa foi em relação à falta de determinação direta sobre a obrigação do Estado em promover investigações, o que sobrecarregava as famílias com a necessidade de "provar" os desaparecimentos forçados e assassinatos ocorridos contra seus parentes na ditadura. A Lei nº 9.140 permitiu aos familiares retirarem certidões de óbito das pessoas desaparecidas e estipulou uma indenização mínima de 100 mil reais. No entanto, em nenhum momento a legislação foi literal sobre a responsabilidade da União. A palavra nem foi mencionada no texto legal. Tratou-se de um *reconhecimento*, não de uma *responsabilização*.

Eunice Paiva chegou a ser integrante da primeira formação da CEMDP, mas seu trabalho durou apenas seis meses. Outra integrante foi Suzana Lisboa, que atuou de 1995 a 2005. Nesse período, apesar da falta de prerrogativas para proceder investigações, ela conseguiu localizar fotos da perícia feita quando o corpo de seu marido foi encontrado morto – provas importantes para averiguar a história registrada pelos militares em torno do suicídio. Mas o mesmo grau de detalhamento e provas não pôde ser feito para todos os casos, porque as requisições de informação aos órgãos e pessoas públicas tinham limites.

A Comissão Especial, por exemplo, não recebera da legislação aprovada o poder para convocar testemunhas. A prerrogativa dada dizia respeito, especificamente, a "diligenciar no sentido da localização dos restos mortais do desaparecido". Com isso, a lei terminou criando um paradoxo. Não foi autorizado à CEMDP conduzir oficialmente uma investigação sobre o que ocorreu às vítimas, mas era necessário encontrar cadáveres e sepulturas clandestinas. Para Suzana, por exemplo, faltava ainda saber as circunstâncias em que o marido fora assassinado ou os responsáveis pelo homicídio. No caso de Rubens Paiva, apesar de ser o único desaparecido com uma investigação oficial aberta durante a ditadura e outra em 1986/1987, as pressões políticas foram determinantes para que o caso permanecesse inconcluso.

A construção da lei que criou a CNV

Foi na lacuna deixada pela criação da CEDMP que os movimentos de direitos humanos e, sobretudo, grupos de familiares de vítimas da ditadura militar lutaram pela criação de outro dispositivo, com poderes mais amplos. O processo de elaboração da lei teve início em 2008, durante a 11ª Conferência Nacional de Direitos Humanos, quando foi aprovada a proposta de criar uma "Comissão da Verdade e da Justiça", e o tema foi incluído nas bases do que deveria se tornar o Programa Nacional de Direitos Humanos – 3 (PNDH-3), a ser conduzido pela Secretaria de Direitos Humanos da Presidência da República.

A resistência dos militares e dos partidos políticos conservadores, e até de integrantes do governo, não demorou a aparecer. Gasparotto, Vechia e Silveira pontuaram que logo na elaboração do texto final do PNDH-3, lançado em dezembro de 2009 pelo Executivo, o projeto sofreu uma alteração significativa: foi suprimido o termo "justiça". Mais tarde, o presidente Luiz Inácio Lula da Silva, por meio do Decreto nº 7.177, de 12 de maio de 2010, alterou mais termos do PNDH-3. Quinalha e Teles argumentaram que a pressão de integrantes do Ministério da Defesa e Relações Exteriores teve o seguinte resultado:

> Um recuo programático justamente nos temas humanitários mais politizados e que provocaram maior tensão. Uma breve análise comparativa entre o texto original e o final, documento básico para a criação da CNV, torna explícita a supressão de referências fundamentais, tais como: "repressão ditatorial", "resistência popular à repressão", "pessoas que praticaram crimes de lesa--humanidade" e "responsabilização criminal sobre casos que envolvam atos relativos à ditadura de 1964-1985".

Na proposta original, os autores recordaram que a intenção era criar uma Comissão da Verdade que também pudesse promover alguma forma de justiça em relação aos crimes do período. Na Diretriz 25 do PNDH-3 havia uma clara referência à revogação da Lei de Anistia de 1979, ao afirmar que estava posta a tarefa de "suprimir do ordenamento jurídico brasileiro eventuais normas remanescentes de períodos de exceção que afrontem os compromissos internacionais e os preceitos constitucionais sobre Direitos Humanos".

Todo o período de discussão e tramitação dessa proposta, entre 2008 e 2010, foi simultâneo à sucessão do presidente Lula. Após oito anos de governo, o líder do PT preparava o caminho para sua sucessora, a então ministra-chefe da Casa Civil, Dilma Rousseff. Como foi de notório conhecimento público, Dilma integrou grupos políticos de resistência armada durante a ditadura e, como tantos outros, foi perseguida, presa e torturada em centros de repressão criados pela ditadura militar.

Nas escolhas políticas feitas pelo presidente Lula para a promoção de sua candidata, ficou evidente a tentativa de fugir da polêmica, uma vez que a escolhida para sua sucessão trazia em sua própria trajetória os símbolos da luta das vítimas da ditadura. Assim, um projeto de lei para criar a CNV chegou a ser enviado para o Congresso ainda em 2010, mas ficou parado até o início do governo Dilma, em 2011. O impulso final para o governo auxiliar a tramitação da matéria pode ter ocorrido após a condenação do Brasil na Corte Interamericana de Direitos Humanos, no caso *Gomes Lund,* relativo às vítimas do Araguaia. A sentença foi dada em dezembro de 2010, após a eleição de Dilma.

A difícil tarefa de aprovar a legislação logo no início do mandato da primeira mulher a ocupar o cargo máximo da República mobilizou diversos ministérios. Nesse período, Dilma contava com algumas vantagens para o prosseguimento de uma matéria considerada polêmica, em geral, para o Congresso Nacional. A presidência da Câmara dos Deputados era ocupada por um integrante de seu partido, o deputado Marco Maia (PT-RS). Além disso, a base governista com diversos partidos mostrava solidez.

De modo geral, o país ainda sentia os efeitos da alta popularidade com que o presidente Lula deixou o Palácio do Planalto: 87% de aprovação, segundo uma pesquisa do Ibope encomendada pela Confederação Nacional da Indústria, em dezembro de 2010. Em meio a um governo de continuidade, Dilma manteve grande parte dos ministros de Lula na primeira configuração de sua equipe.

Após meses de negociações, o plenário da Câmara dos Deputados votou e aprovou o projeto com relatoria do deputado Edinho Araújo (PMDB-SP), em 22 de setembro de 2011. Como na Lei de Anistia, o governo levou o assunto ao plenário pedindo que os deputados da base governista tentassem aprovar a matéria em regime de urgência urgentíssima. A tramitação acelerada impediu maiores debates e reflexões, conduzindo o projeto à votação de modo célere. O mesmo também ocorreu à época da Lei nº 9.140, em 1995.

A vitória do governo, porém, não ocorreu sem baixas decisivas para os idealizadores da proposta. Entre as modificações feitas, ficou ampliado o período inicial de investigação: de 1964 (ano do golpe) para 1946, após o fim do Estado Novo. O argumento usado pelos deputados é que a concessão de anistia política também se estende ao fim do período ditatorial do presidente Getúlio Vargas. Uma das mudanças mais significativas, porém, foi uma emenda do Partido dos Democratas (DEM) pedindo a obrigatoriedade de que os membros escolhidos para integrar o colegiado "fossem imparciais".

Como previsto na legislação criada, a escolha do grupo era prerrogativa da presidente da República. Ao saber da inclusão da emenda do DEM, Dilma tentou resistir. A discussão entre a presidente, que estava em viagem no exterior, e seus ministros ocorreu no banheiro da presidência da Câmara. Na ocasião, discutiam com ela ao telefone o ministro da Justiça, José Eduardo Cardozo, o então presidente da Câmara, Marco Maia, a então ministra dos Direitos Humanos, Maria do Rosário, e o assessor especial da Defesa na época, José Genoino. Todos integrantes do PT, e o último, também ex-integrante de grupos armados e vítima da repressão política. No entanto, a pressão da oposição para aderir ao projeto foi maior e a emenda foi incluída na aprovação.

A redação impediu, desse modo, que sobreviventes do período ou parentes das vítimas compusessem o grupo. Suzana Lisboa, por exemplo, foi uma delas, a despeito de toda a experiência pessoal e o trabalho de dez anos na CEMDP. O mesmo ocorreu com Ivan Seixas, que já havia trabalhado com a Secretaria de Direitos Humanos no tema, e com as irmãs Maria Amélia de Almeida Teles e Criméia Alice Schmidt de Almeida, que atuaram tanto pela abertura da Vala de Perus como nas investigações das vítimas da Guerrilha do Araguaia, além de todo o restante da Comissão de Familiares de Mortos e Desaparecidos Políticos.

O resultado acabou, por consequência, impedindo que algumas das pessoas mais envolvidas diretamente nas pesquisas sobre mortos e desaparecidos desde a ditadura militar pudessem atuar oficialmente. Outra reação para tentar ampliar a legislação foi ensaiada no Senado, sem sucesso. Um mês depois, em novembro de 2011, os senadores aprovaram o texto da Câmara que foi à sanção presidencial. Nesse documento, ficou estabelecido que a CNV tinha sete objetivos, segundo seu artigo 3º:

> I - esclarecer os fatos e as circunstâncias dos casos de graves violações de direitos humanos mencionados no *caput* do art. 1º;
> II - promover o esclarecimento circunstanciado dos casos de torturas, mortes, desaparecimentos forçados, ocultação de cadáveres e sua autoria, ainda que ocorridos no exterior;

III - identificar e tornar públicos as estruturas, os locais, as instituições e as circunstâncias relacionados à prática de violações de direitos humanos mencionadas no *caput* do art. 1º e suas eventuais ramificações nos diversos aparelhos estatais e na sociedade;

IV - encaminhar aos órgãos públicos competentes toda e qualquer informação obtida que possa auxiliar na localização e identificação de corpos e restos mortais de desaparecidos políticos, nos termos do art. 1º da Lei nº 9.140, de 4 de dezembro de 1995;

V - colaborar com todas as instâncias do poder público para apuração de violação de direitos humanos;

VI - recomendar a adoção de medidas e políticas públicas para prevenir violação de direitos humanos, assegurar sua não repetição e promover a efetiva reconciliação nacional; e

VII - promover, com base nos informes obtidos, a reconstrução da história dos casos de graves violações de direitos humanos, bem como colaborar para que seja prestada assistência às vítimas de tais violações.

Assim, apesar das inúmeras disputas ocorridas ao longo da edição da Lei nº 12.528/2012, enfim foi criada no país uma norma jurídica que restabelecia a obrigação do Estado em investigar os crimes cometidos por agentes públicos contra cidadãos brasileiros. A despeito do contexto ditatorial, a instauração de inquérito por homicídio, desaparecimento ou sequestro sempre foi obrigação da União por meio das polícias. Contudo, pela interpretação vigente da Lei de Anistia, em sua maioria, os crimes cometidos pelo Estado contra opositores políticos durante a ditadura continuavam, até 2012, sem esclarecimento – não obstante o fato de que a própria União havia reconhecido as mortes e desaparecimentos, por meio da Lei nº 9.140, de 1995.

Passada a fase de reconhecer a existência de mortes e desaparecimentos forçados nesse período, havia chegado então o momento de detalhar as circunstâncias, os locais e os responsáveis pelos crimes. Todas as informações obtidas deveriam ser encaminhadas aos órgãos competentes para que fossem tomadas medidas de localização de restos mortais e para possibilitar uma "reconstrução" dessas histórias. Esta última, uma tarefa sensível. Como salientou o historiador Rodrigo Patto Sá Motta, o que a Comissão pretendia fazer era mais próximo a "uma história defendida pelo ponto de vista do Estado". Em 2012, um Estado que poderia permitir espaço a versões e vozes proibidas anteriormente.

Além disso, os trabalhos da CNV deveriam resultar em recomendações de políticas públicas para a memória das vítimas e para prevenir a repetição dos crimes de lesa-humanidade. Processar e julgar os militares que cometeram crimes jamais foi uma atribuição do grupo na norma aprovada no Congresso Nacional e sancionada pela presidente Dilma Rousseff.

Capítulo 6

CNV chega aos nomes dos assassinos de Rubens Paiva

A pesar de a legislação ter sido aprovada e sancionada ainda em 2011, Dilma demorou quase seis meses para nomear e empossar os sete membros escolhidos por ela para integrar a Comissão. O grupo foi anunciado somente em maio de 2012. Na lista escolhida por Dilma, cinco homens e apenas duas mulheres. Sobre o perfil dos integrantes escolhidos, é possível perceber uma composição variada de correntes políticas, mas com predomínio de pessoas com formação em Direito e, sobretudo, na área criminal. Embora apenas dois com experiência direta em casos de vítimas da ditadura militar: o ex-advogado de presos políticos José Carlos Dias e Rosa Maria Cardoso da Cunha, ex-advogada de defesa da própria presidente durante a ditadura.

Ainda sobre as correntes políticas, Dilma fez escolhas que reuniram membros de governos anteriores e integrantes de outros partidos. Dias, por exemplo, foi ministro da Justiça do presidente Fernando Henrique Cardoso. O cientista social Paulo Sérgio Pinheiro também integrou o governo FHC como secretário de Direitos Humanos, e José Paulo Cavalcanti foi secretário-geral de Justiça do presidente José Sarney. A composição final incluiu ainda um representante do Judiciário: o vice-presidente do Superior Tribunal de Justiça, Gilson Dipp. Um membro do Ministério Público, o ex-procurador-geral Claudio Fonteles, e a psicanalista Maria

Rita Khel, como provável representante-geral da sociedade. Em 2013, Fonteles renunciou e assumiu em seu lugar o jurista e professor Pedro Dallari. Este, também, filho de outro advogado de presos políticos: Dalmo de Abreu Dallari.

Em um grupo diverso, a falta de coesão em torno do desenvolvimento dos trabalhos não demorou a surgir. Uma das situações que dificultaram o início das tarefas demandadas à CNV diz respeito à escolha do foco das investigações. Logo após a posse dos membros no Palácio do Planalto, em uma cerimônia da qual participaram todos os presidentes civis desde 1985, os setores conservadores e representantes dos militares começaram a questionar se seriam investigados os crimes praticados por ex-combatentes da resistência armada, como os assaltos a banco, os sequestros de diplomatas e até alguns homicídios, chamados de "justiçamentos".

Desde a proposta de projeto de lei que criou a CNV no PNDH-3, havia previsão específica para investigação de crimes cometidos por agentes públicos, mas esse pedaço do texto foi suprimido ao longo do processo que culminou na sanção presidencial em 2011. Após o início das reuniões do colegiado da CNV, o grupo decidiu publicar a Resolução nº 2, de 20 de agosto de 2012, restabelecendo como limite "examinar e esclarecer as graves violações de direitos humanos praticadas no período fixado no art. 8º do Ato das Disposições Constitucionais Transitórias, por agentes públicos, pessoas a seu serviço, com apoio ou no interesse do Estado". A resistência à iniciativa levou os militares a chamar a CNV de "Comissão da Meia Verdade" ao longo de todo o período de atuação do órgão.

Os membros também optaram por dividir as pesquisas em 13 grupos de trabalho (GTs) e cada integrante do colegiado se tornou o coordenador de dois ou mais GTs. Claudio Fonteles passou a liderar as pesquisas sobre mortos e desaparecidos políticos. O trabalho é um dos temas mais sensíveis e difíceis na área, não só pela escassez de provas sobre mortes e, especialmente, dos desaparecimentos, mas também pelas cobranças de familiares e ativistas de direitos humanos para participar desse processo, uma vez que a lei impediu que trabalhassem diretamente no grupo.

Aposentado de suas funções no Ministério Público Federal, Fonteles contou que decidiu ter uma atuação direta nas pesquisas e passou a ir com alguns assessores ao acervo do SNI, recém-disponibilizado para consulta pública em 2012, para iniciar as pesquisas documentais sobre as vítimas:

Vou te contar a minha experiência pessoal. Que fique bem claro isso. Veio aquela história: mas como vai ser? Eu me perguntei: como é que eu vou fazer isso? Por onde vou? Aí veio aquela coisa, "olha há um arquivo aí". Vai nesse arquivo. Foi uma coisa que eu pensei. Agora para mim, isso foi interessantíssimo na minha vida e muda muito. O arquivo na formação jurídica, quando você fala a palavra arquivo para um advogado, é uma coisa que não tem nenhuma serventia, ela está terminada. Foi algo que aconteceu. Tanto que o despacho final de tudo no mundo jurídico é o arquivo. Quando o magistrado diz arquivo, aquele processo que transitou em julgado terminou, ele vai para as traças. Não é? Ele vai ficar lá inútil. Então essa cabeça realmente, salvo um ou outro, uma outra mentalidade, mas no mundo jurídico a mentalidade de arquivos é essa. Acabou, não tem mais serventia, não tem mais sentido. E fui para esse arquivo com a ideia de quê? De que lá era um depósito, mas que eu ia ver. E isso é que muda aí brutalmente a minha concepção, né? Do que seja arquivo, mutualmente com o que seja museu. Porque lá, aí eu comecei a mergulhar, né, na busca.

O "arquivo" ao qual Fonteles se refere ao longo da explicação é o Arquivo Nacional. Segundo ele, não havia muito conhecimento sobre como começar os trabalhos de pesquisa, embora algumas vezes integrantes do colegiado dissessem publicamente que não estavam começando do zero, pois agregariam as experiências do Projeto Brasil Nunca Mais e da CEMDP. Como integrante do MPF, experiente em investigação criminal, Fonteles quis atuar de modo mais direto no desenvolvimento das pesquisas junto aos assessores, uma exceção em relação ao restante do grupo, que mantinha outras atividades profissionais e trabalhava mais na coordenação das pesquisas.

Entre junho e novembro de 2012, Fonteles dividiu o tempo entre audiências públicas, entrevistas e as buscas no Arquivo Nacional. O trabalho de pesquisa foi feito na medida em que se compreendia a organização da documentação do SNI. Segundo ele, isso significa dizer que não houve, a princípio, uma busca focada em vítimas específicas e terminou com a descoberta de documentações relacionadas a diversas pessoas. Os resultados encontrados foram selecionados e transformados em diferentes relatórios periódicos, que foram posteriormente divulgados no site da CNV a partir de novembro de 2012.

Apresentado no site da CNV, Fonteles intitulou seu trabalho de *Exercitando o diálogo*. A primeira divulgação continha 80 páginas, divididas em 11 capítulos. Uma parte dos textos chamada por Fonteles de "Estado ditatorial militar" trouxe análises do SNI sobre a estruturação da ditadura e do apoio civil aos militares. Já uma segunda parte foi classificada como "Graves violações de Direitos Humanos" e tratava de sete casos de assassinatos onde ocorreram simulações de suicídio, entre outras falsificações sobre as circunstâncias das mortes desses opositores.

Fonteles explicou que a opção de apresentar os resultados parciais de suas pesquisas foi o início do processo de desentendimentos dele com o restante do colegiado e que culminou com a sua renúncia. Segundo ele, com exceção de Rosa Cardoso, o grupo defendia que a CNV mantivesse sigilo das pesquisas produzidas. Para a maioria dos membros, a divulgação deveria ocorrer apenas na apresentação do relatório final. Ao recordar dos debates, Fonteles diz que em uma das reuniões comparou o silêncio proposto com o que era usado pelos militares na ditadura:

> Nós estamos numa Comissão Nacional da Verdade para justamente escancarar a famosa "verdade". Que a verdade você não tem ela num quadro absoluto, ela está dentro de um processo. "Então desculpem, na minha visão, vocês estão seguindo exatamente o que os militares estão fazendo". Foi um silêncio total. "Ah, mas a mídia pode atrapalhar, ah não sei o que lá", diziam. Eu falei: "Eu acho que não, eu acho que vai é colaborar, não vai atrapalhar". No fundo eu acho que era um pouco de vaidade pessoal, de não querer ser criticado, aquele negócio de manter a imagem, apresentar o produto final, e tal, tá entendendo? Acho que era um pouco por aí a coisa, né? Aí falaram: "Então vamos fazer um meio termo, você apresenta em nome pessoal". Falei que tudo bem, o que eu queria era que viesse à tona. E você vê um fato interessantíssimo disso aí, acho que se todo mundo fizesse, cada um no seu canto, ia ser muito interessante. Eu estou lá em Brasília, toca o telefone, né? Era um coronel dizendo: "olha, doutor, é, eu examinei sua vida e o senhor é uma pessoa séria

e honesta. O senhor cometeu um erro no documento que produziu sobre o caso do Rubens Paiva. O senhor confunde realidades". Aí eu falei: "pois não". Esse cidadão diz: "O senhor conversaria comigo?" Falei: "claro que eu conversaria com o senhor..."

A pessoa que disse ao telefone "ter examinado a vida" de Claudio Fonteles era o coronel reformado do Exército Armando Avólio Filho, o oficial responsável pela perícia feita em 1971 no Fusca usado para fabricar a versão oficial do Exército para o desaparecimento de Rubens Paiva. Segundo Fonteles, o contato realizado chamou a atenção em um momento no qual o caso estava em evidência.

O documento ao qual Avólio se referiu no diálogo travado por telefone é da segunda série de textos de Fonteles, sobre o Informe nº 70 da Agência Central do SNI, de 25 de janeiro de 1971. Neles, os agentes de monitoramento registraram a prisão de Cecília Viveiros de Castro, Marilene Corona e Rubens Paiva no Galeão. Além disso, também informaram a transferência do trio para o DOI-CODI. No mesmo relatório, Fonteles trouxe análises sobre documentos resgatados no arquivo do coronel Júlio Molinas Dias, executado em 2012 durante um assalto ao chegar em sua casa, em Porto Alegre (RS).

Ao longo das investigações sobre a morte do militar, a Polícia Civil do Rio Grande do Sul localizou um arquivo pessoal de Molinas, que havia chefiado o DOI-CODI fluminense nos anos 1980. Entre os documentos, foi identificado um registro de entrada de Rubens Paiva no DOI e uma lista de pertences com sua assinatura e a data: 21/1/1971. A descoberta do documento trouxe o caso do ex-parlamentar novamente à tona com grande apelo da imprensa, que noticiou amplamente a descoberta. O governador gaúcho na época, Tarso Genro (PT-RS), fez uma cerimônia de entrega da documentação à CNV, com a presença de Maria Beatriz Paiva Keller, uma das filhas de Rubens Paiva.

Assim, de posse da extensa documentação que também continha relatórios sobre o caso Riocentro em 1981, Fonteles e sua equipe se dedicaram a uma pesquisa sobre Rubens Paiva no Arquivo Nacional. Em fevereiro de 2013, o conselheiro divulgou uma nova série de textos sobre suas pesquisas e um deles focava o caso do ex-parlamentar. No documento de nove páginas, disponível no site da CNV, Fonteles reuniu uma série de informes do SNI que reproduziam as principais contradições já conhecidas do caso: de um lado, a versão da fuga apresentada pelo Exército, e do outro, os depoimentos de Cecília Viveiros de Castro e do médico Amílcar Lobo.

Em sua maioria, as informações reunidas por Fonteles já constavam dos autos do IPM de 1986/1987 e algumas cópias do próprio inquérito estavam no SNI. É por meio dessas cópias que o conselheiro localizou, por exemplo, os depoimentos de Amílcar Lobo e Cecília Viveiros de Castro à Polícia Federal. No texto, Fonteles destacou como inédita a localização do Informe nº 70 do SNI. Para ele, com esses documentos estava desmontada a versão da fuga e não havia mais como negar o assassinado de Paiva na unidade militar da Rua Barão de Mesquita, no bairro da Tijuca, zona norte da capital fluminense.

Nas conclusões apresentadas pelo conselheiro, nada havia de diferente do verificado ao longo do IPM de 1986/1987. No entanto, a conclusão do texto, que apontava para "o assassinato de Rubens Beyrodt Paiva consumado no Pelotão de Investigações Criminais – PIC – do DOI/CODI do I Exército", incomodou o coronel Armando Avólio Filho. Para o militar, o relatório confundiu os dois órgãos que, segundo ele, não funcionavam de modo conjunto. Sob essa argumentação, o oficial ligou para a residência do membro da CNV alguns dias depois da divulgação do relatório e pediu uma conversa para contar o que sabia do assunto.

O encontro aconteceu duas semanas depois, na casa de Fonteles, no Rio de Janeiro. Na ocasião, estavam presentes apenas o conselheiro da CNV e o militar. A conversa foi mantida em sigilo, pois não ocorreu uma convocação ou mesmo registro do encontro. O modo como a colaboração de Avólio se deu destoou do caráter oficial com que a CNV atuava até então, por meio de audiências públicas, apesar de ter dado início a uma série de depoimentos colhidos de modo sigiloso.

Como a maioria dos membros era de juristas, a ação dos conselheiros da CNV tinha de modo geral um estilo muito formal e mais próximo ao trabalho desenvolvido no âmbito de um processo judicial do que o de quem produz pesquisa para investigação de fatos históricos, como jornalistas e outros profissionais que trabalham temas relacionados à área.

No entanto, a própria Lei nº 12.528, que instituiu a CNV, permitiu ao grupo trabalhar de um modo diferente, caso fosse necessário. No artigo 4º, por exemplo, que trata do modo como a Comissão deveria efetuar seus trabalhos, ficou permitido pelo item I "receber testemunhos, informações, dados e documentos que lhe forem encaminhados voluntariamente, assegurada a não identificação do detentor ou depoente, quando solicitada", e pelo item III: "convocar, para entrevistas ou testemunho, pessoas que possam guardar qualquer relação com os fatos e circunstâncias examinados".

De modo sucinto, foram autorizados "entrevistas" ou "testemunhos", embora não fique clara qual seria a diferença entre os dois para a Comissão, além da possibilidade de receber dados sobre violações de direitos humanos sem identificar o autor. A informalidade para obtenção de informações, portanto, foi permitida, e o uso da convocação involuntária também – ficou a cargo da CNV decidir quando utilizar cada mecanismo.

E foi em meio a essas possibilidades abertas na legislação que o conselheiro Claudio Fonteles encontrou o coronel da reserva do Exército Armando Avólio. Na perspectiva do militar, o conselheiro havia cometido um erro no relatório:

> A gente vai dialogando, dialogando e ele vai mostrar o meu equívoco, né? Ele falou "olha, é interessante a personalidade das pessoas, dos seres humanos". Ele diz "olha, o seu equívoco é o seguinte: o senhor misturou PIC com DOI-CODI. Não tem nada a ver". É... ele era do PIC... E o PIC foi empurrado pelo DOI-CODI. "Eles entraram e nos botaram numa salinha. Dominaram todo aquele ambiente." Aí que ele vai dizer né? "Olha, e eram uns caras que pra mim isso não é Exército." Porque ele é aquele militar, sabe, prussiano, o Avólio. É o cara que "para nós, militares, doutor, a bota tem que está lustrada, limpa". E os caras iam com roupa comum, barbudos, sujos, com linguajar, para se infiltrar. Isso é um absurdo, isso não é ser militar. Nada que justifique um militar assumir essa postura.

No diálogo mantido no primeiro encontro, Avólio relatou um depoimento bastante diferente do que prestou ao longo do IPM. Além de assinar a perícia no sinistro forjado no Fusca do Exército, Avólio foi apontado em entrevistas do médico Amílcar Lobo e pelo ex-soldado do Batalhão da Polícia do Exército Marco Aurélio Magalhães como um dos militares que atuavam junto às ações de repressão do DOI-CODI, apesar de pertencer a outra unidade do mesmo quartel, o Pelotão de Investigações Criminais no Batalhão da Polícia do Exército.

As denúncias contra Avólio na imprensa fizeram com que a Procuradoria Militar solicitasse um depoimento dele durante o inquérito conduzido pela Polícia Federal, em 1986. Apesar disso, ele só foi convocado quando o caso já era conduzido no âmbito do Exército, em 1987, e não mais na Polícia Federal. Nessa ocasião, Avólio repetiu a versão criada pelo Exército em 1971 para o desaparecimento de Rubens Paiva e recorreu à história da fuga.

Avólio afirmou perante o general Adriano Aúlio Pinheiro da Silva, presidente do IPM de 1987, que não trabalhava junto ao DOI-CODI, nem tinha conhecimento de suas diligências. Em sua descrição, o destacamento tinha "vida autônoma" e só ocupava algumas dependências do PIC, entre elas algumas celas, pois aquele órgão não possuía espaço para detenção de presos. A função de Avólio foi descrita por ele como comandante do PIC do BPE. Nessa posição, ele era o responsável pelos presos ali detidos, mas, segundo Avólio, ele não conduzia interrogatórios. No dia 22 de janeiro de 1971, segundo ele, cumprindo suas atribuições, foi chamado para acompanhar um oficial perito que examinaria um automóvel do Exército após um tiroteio no Alto da Boa Vista:

> Que foi durante essa fase que tomou conhecimento de um preso em diligência conduzida pelo capitão Ronaldo e outros integrantes do DOI-CODI, teria se evadido na ocasião; que somente ao regressar ao quartel, após a conclusão do laudo, é que teve conhecimento em conversas com o pessoal do DOI-CODI, de que o preso evadido se tratava da pessoa do ex-deputado Rubens Paiva.

E, ao final do depoimento no IPM, Avólio foi sucinto. Ao ser "perguntado se alguma vez teve conhecimento de que um preso civil encontrava-se em perigo de vida, em razão de atos de violência sofridos nas dependências do DOI-CODI, respondeu que não".

A história contada por Avólio em 2013, mais de duas décadas depois, ganhou outros contornos, nuances e informações no encontro com Claudio Fonteles. Na conversa com o conselheiro da CNV, o militar resolveu contar que o DOI-CODI tinha uma sala em frente à sua, mas muitas vezes se sentia incomodado em receber ordens de militares com patentes inferiores, dizendo para que ele não olhasse as atividades realizadas por eles.

> Em uma das ocasiões ele narra que, um dia, ele passava ali e viu a porta entreaberta. Não tem ninguém. Aí ele vai olhar e ele vê um cidadão pulando em cima de um corpo, que ele vê o corpo, volumoso, disse até uma pessoa, um homem mais volumoso e tal, e aí ele vê aquilo. E ele aí vai ao chefe dele, que é o Leão, na época ele era tenente, o Leão é capitão. "Olha, tá se passando isso, vamos ao nosso chefe imediato", que era um major. "Major, isso [relatam o fato], o senhor dá autorização ou o senhor fala?" O major diz: "Não, vocês dois vão falar com o Belham". O chefe do DOI. Aí eles vão ao Belham, né? Aí o Belham, "olha, major, eu vi isso, isso, isso. Que o meu chefe imediato, comuniquei, tá passando lá agora e tal. Se o senhor não tomar uma providência, vai morrer". Bateu continência e foi embora. Então é assim. E depois se descobre que esse cara que estava pulando era o cara mesmo... Ele dá o nome. Ele diz "olha, procura doutor, eu não sei o nome todo. Era um cara até do CPOR", ele diz assim "parece Ughs, Rugs, Iugs, Rilgs, eu não me lembro bem".

As revelações feitas por Avólio no encontro com Claudio Fonteles só ocorreram depois que foi garantido ao militar que o sigilo de sua identidade seria mantido. Como mencionado, a CNV tinha essa prerrogativa e podia garantir a manutenção do anonimato para eventuais testemunhas e colaboradores que aceitassem prestar depoimento com dados relevantes para as investigações do grupo.

O contato de Avólio, porém, foi inusitado e excepcional. Não é comum encontrar ex-agentes da repressão política dispostos a detalhar assassinatos dentro de quartéis. Nos anos 1990, os pesquisadores Celso Castro, Glaucio Ary Dillon Soares e Maria Celina D'Araújo já haviam entrevistado doze oficiais das Forças Armadas para o projeto *Os anos de chumbo: a memória militar sobre a repressão* e as menções às violações de direitos humanos eram, de modo geral, tangenciais, sem jamais identificar os responsáveis por mortes ou o destino de restos mortais de pessoas desaparecidas. Além disso, entre os integrantes da ditadura, apenas Amílcar Lobo, Marival Chaves e Claudio Guerra haviam falado à imprensa sobre os assassinatos em geral, denunciando crimes de terceiros. Paulo Malhães tinha mencionado suas ações de modo muito superficial.

Outro ponto sensível do relato de Avólio consistiu em sua opção de negar qualquer envolvimento com os interrogatórios sob tortura. Por tudo isso, no ano seguinte, quando o depoimento se tornou de conhecimento público, Avólio sofreu críticas quanto à veracidade de seu relato. Os principais questionadores foram justamente pessoas que denunciaram ter sido violentadas por ele, como será abordado adiante.

No entanto, nesse momento, Fonteles defendeu que a oportunidade de diálogo aberta precisava ser aproveitada para permitir o avanço nas descobertas sobre o crime cometido contra Rubens Paiva. O conselheiro solicitou a Avólio um depoimento por escrito para a CNV e garantiu que manteria sua identidade em sigilo. Nessa primeira conversa, Avólio sugeriu ainda que Fonteles entrasse em contato com o coronel Ronald Leão, que também havia testemunhado o espancamento do ex-parlamentar em 1971.

Um segundo encontro foi marcado também na residência do conselheiro, no Rio de Janeiro, para a entrega do depoimento do coronel. Na nova reunião, o coronel Leão e um de seus filhos acompanharam Avólio na conversa com Fonteles. O coronel Leão, que também solicitou anonimato, confirmou o conteúdo do relato do colega de farda e acrescentou outros detalhes. O conselheiro pediu igualmente um depoimento por escrito de Leão à CNV. A partir disso, Fonteles produziu um relatório que foi apresentado ao restante dos membros da Comissão. O sigilo deveria ser absoluto.

A partir das informações repassadas pelos militares, Fonteles contou que decidiu chamar o general José Antonio Nogueira Belham, comandante-geral do DOI à época, para prestar esclarecimentos no Centro Cultural do Banco do Brasil em Brasília, sede da CNV, em junho de 2013. Como já mencionado, o grupo tinha prerrogativa para convocar qualquer testemunha que necessitasse ouvir. A pessoa chamada era obrigada a comparecer, ou poderia ser conduzida coercitivamente pela Polícia Federal. No entanto, estava assegurado o direito de permanecer em silêncio ao longo dos questionamentos.

O coronel Carlos Alberto Brilhante Ustra, ex-comandante do DOI-CODI de São Paulo, por exemplo, foi convocado para prestar esclarecimentos em uma audiência pública, também em Brasília, conduzida por Fonteles. O depoimento público de Ustra era uma antiga demanda de familiares das vítimas da ditadura militar. A oitiva, porém, ocorreu de modo completamente distinto da de Avólio, Leão ou mesmo do general Belham.

Ustra foi intimado pela Polícia Federal e interrogado sobre suas ações perante o público que acompanhava a audiência. Ao longo de sua fala, o coronel negou a participação em crimes e deixou evidente que sua postura era de defesa da ditadura militar. Além disso, atacou a presidente Dilma Rousseff: "Cumpri ordens legais. O objetivo dos terroristas era a implantação de uma ditadura do proletariado, do comunismo. Isso está escrito no estatuto de todas as organizações terroristas, inclusive no das quatro que a presidente da República participou".

A fala do militar gerou revolta e discussões. Ao longo dos meses restantes de trabalho, os integrantes da Comissão passaram a se referir a esses depoimentos de militares em audiências públicas como "oitivas", que, no jargão jurídico, é quando testemunhas ou envolvidos em um processo que está sendo julgado são ouvidos. Não houve, na época do depoimento de Ustra, e mesmo depois, uma explicação clara sobre os critérios para decidir quais militares seriam ouvidos em audiências públicas e quais deporiam somente perante os membros da CNV ou auxiliares do grupo.

No Tomo I do relatório final da CNV foi redigida uma descrição incompleta do modo como se desenvolveram as pesquisas, já que em nenhum momento foi realizada uma apresentação da metodologia dos trabalhos. No capítulo 2, intitulado "As atividades da CNV", registrou-se uma explicação somente de como o grupo se estruturava administrativamente e foram listadas algumas de suas ações gerais de trabalho. Os tópicos enumerados foram: início dos trabalhos, comunicação, ouvidoria, perícias e diligências, audiências e sessões públicas, coleta de depoimentos, reconhecimento de locais onde ocorreram graves violações e o relatório final. Entre esses itens, como se verificou, não foi possível encontrar um subitem "metodologia de pesquisa", explicando como foi desenvolvida cada uma das investigações em si. Internamente, o método de produção dos trabalhos deve ter existido, mas ressalto que isso não foi registrado no relatório.

Somente no tópico que tratava da "Coleta de testemunhos e depoimentos de agentes da repressão" foi descrito o seguinte:

> A metodologia de coleta de depoimentos empregada pela CNV envolveu, inicialmente, a definição, a partir da pesquisa realizada pelos grupos de trabalho e de indicações feitas pelas comissões da verdade parceiras e por entidades da sociedade, dos nomes das pessoas cuja oitiva seria importante para a Comissão. Desse modo, comissões da verdade estaduais e municipais, setoriais ou de classe, assim como familiares de vítimas e comitês populares de memória, verdade e justiça, apresentaram sugestões de nomes de depoentes à CNV. Depois da seleção dos nomes, foi realizado o levantamento de informações sobre cada uma das pessoas a ser ouvida, em pesquisa a bases de dados públicas. Seguiu-se, ainda, a elaboração de um roteiro de perguntas para cada caso.

No parágrafo seguinte, a CNV explicou que fez uso do Departamento da Polícia Federal para emitir as convocações a militares e que, quando solicitado, permitiu que o nome do depoente fosse mantido em sigilo. Desse modo, foram coletados 1.116 depoimentos de testemunhas ou "pessoas que possam guardar alguma relação com os fatos", entre elas ex-agentes da repressão. Dessas, 483 pessoas foram ouvidas em audiências públicas e 633 de forma reservada. Novamente, foi possível observar a falta de delimitação de um critério para a convocação pública ou privada.

Na convocação do general Belham, Claudio Fonteles também apostou em uma abordagem diferente. No lugar de intimá-lo pela PF, o conselheiro optou por convocá-lo diretamente por meio de um contato telefônico e orientou-o a trazer quem quisesse como acompanhante. O assunto, de acordo com Fonteles, não foi informado. Porém, é de se imaginar que como chefe do DOI do Rio de Janeiro e depois do Centro de Informações do Exército, unidade de inteligência do gabinete do ministro do Exército, ele soubesse quais perguntas surgiriam. O envolvimento de Belham no caso Rubens Paiva, por exemplo, já havia sido registrado por Elio Gaspari.

Desse modo, o oficial superior atendeu ao pedido e compareceu ao encontro com um advogado e uma filha. Segundo Fonteles, o defensor do militar já tinha preparado a defesa por escrito para a conversa. Belham tentou sustentar que estava de férias nos dias da prisão de Rubens Paiva e entregou cópias de seus registros funcionais, as chamadas "folhas de alteração", que detalham todas as movimentações do militar ao longo da carreira. Após a conversa, um exame sobre o próprio documento apresentado demonstrava contradições. Belham foi chamado outra vez para uma conversa na sede da CNV e cobrado sobre o assunto.

As "folhas de alteração" do general registravam que ele interrompeu as férias e recebeu diárias para missões sigilosas nos mesmos dias da prisão e desaparecimento de Rubens Paiva. Uma vez que a tentativa de sustentar as férias falhou, Belham pediu um prazo de 15 dias para conseguir uma comprovação do Exército perante possível erro no documento e um testemunho de outro militar que supostamente estaria junto com ele nesse período. Na semana seguinte, porém, um severo desentendimento interno entre os membros da CNV fez com que Fonteles renunciasse ao cargo.

As razões que motivaram a saída foram resumidas de modo sucinto pelo conselheiro como um acúmulo de divergências em torno da condução dos trabalhos. Mas as dificuldades de relacionamento interno se tornaram públicas na carta aberta à CNV feita pela Comissão de Familiares de Mortos e Desaparecidos Políticos, em julho de 2013. Os parentes registraram no documento que ficaram indignados ao saber que Fonteles era contestado pelos outros membros por seu envolvimento direto com pesquisas e pela publicação de seus relatórios no site do grupo. O conselheiro defendeu sua posição dizendo que construiu sua carreira como procurador-geral da República indo a campo.

Questões como a transparência das ações e a relação com familiares das vítimas também eram pontos de discórdia. Rosa Cardoso, coordenadora da CNV nessa época, e Fonteles insistiam em uma relação mais próxima com familiares e a sociedade em geral. O restante do colegiado preferia desenvolver os trabalhos em sigilo. A partir da saída de Fonteles, a Comissão passou meses com dois membros a menos no colegiado, pois Gilson Dipp adoeceu e precisou deixar suas funções junto ao grupo.

Naquele período, já com os prazos avançados, a CNV passou então a contratar pesquisadores de modo terceirizado por meio de um convênio com o Programa das Nações Unidas para o Desenvolvimento. O aumento da equipe tinha como objetivo trazer pesquisadores para trabalhar em temas pré-selecionados. Por isso, todos estavam condicionados a entregas de pesquisas encomendadas sobre esses assuntos. O material visava à inclusão desses temas no relatório final da CNV. A partir disso, foram formados inúmeros grupos de pesquisa que respondiam ao secretário-executivo da CNV, André Saboia Martins, e à gerente-executiva do relatório, Vivien Ishaq.

Para o caso Rubens Paiva, a saída de Fonteles representou em primeiro lugar uma mudança de comando. Na sequência, os trabalhos passaram a ser coordenados por Rosa Cardoso e tiveram auxílio direto de Ishaq. Ao ser procurado pela CNV, o general José Antonio Nogueira Belham não quis mais prestar esclarecimentos e nem forneceu a documentação prometida para comprovar que estivesse de férias nos dias em que Rubens Paiva foi assassinado.

A partir das informações obtidas, a CNV iniciou a tentativa de identificação do "agente Hughes", citado pelo coronel Armando Avólio Filho, e a redação do relatório preliminar a partir do trabalho já realizado por Fonteles. Para a identificação do militar citado como agressor do ex-parlamentar durante o interrogatório, a Comissão utilizou uma descrição publicada por Marcelo Rubens Paiva no livro *Feliz Ano Velho*. Na obra de 1982, clássico da literatura brasileira, o autor descreve detalhes do depoimento dado por Cecília Viveiros de Castro sobre o homem que "surrou" o Rubens Paiva quando este tentou socorrê-la dentro do DOI-CODI. Na memória de Cecília, ficou marcada a imagem de um "oficial loiro, de olhos azuis". A mesma descrição foi feita pelo coronel Ronald Leão, em carta à CNV. Ao longo da produção desse primeiro relatório da Comissão sobre o caso, em 2013, foi instituída a Comissão Estadual da Verdade do Rio de Janeiro e o grupo regional também passou a pesquisar o caso.

O trabalho da CEV-RIO no caso Rubens Paiva

Como o período que deveria ser investigado pela CNV era muito extenso (1946-1985), o grupo estimulou a criação de outras comissões regionais e setoriais nos estados, universidades e demais instituições interessadas em auxiliar a pesquisa. A partir disso, foram criadas Comissões da Verdade em diversos estados, como São Paulo, Pernambuco, Paraná, Paraíba, Minas Gerais, entre outros. O mesmo ocorreu no Rio de Janeiro, que por meio da Lei nº 6.335/2012 instituiu a Comissão Estadual da Verdade (CEV-RIO).

Os trabalhos começaram em 8 de março de 2013. Foram escolhidos pelo então governador Sérgio Cabral, para integrar o colegiado, o jornalista Álvaro Caldas, ex-membro do Partido Comunista Brasileiro

Revolucionário (PCBR) e ex-preso político; a advogada Eny Moreira, defensora de presos políticos que participou do Projeto Brasil Nunca Mais; o sindicalista Geraldo Cândido, ex-senador da República; o advogado João Ricardo Dornelles, professor da Pontifícia Universidade Católica do Rio de Janeiro; o advogado Marcello Cerqueira, também defensor de presos políticos e vice-presidente da UNE em 1964; e a advogada Nadine Borges, ex-coordenadora da CEMDP e assessora da CNV. Para a presidência da CEV-RIO, foi nomeado o advogado Wadih Damous, então presidente da Comissão Nacional de Direitos Humanos da OAB e ex-presidente da Seccional do Rio de Janeiro da OAB por dois mandatos (2007-2012).

A composição de membros da CEV-RIO guardava semelhança com o perfil da própria CNV. Os integrantes, na maioria, eram profissionais do Direito, mas com algumas significativas diferenças com as escolhas do jornalista Álvaro Caldas e do sindicalista Geraldo Cândido. Caldas, por exemplo, havia sido vítima da ditadura, torturado no Batalhão da Polícia do Exército do Rio de Janeiro em 1970, que ainda naquele ano daria espaço para a instalação do DOI-CODI. Na legislação fluminense não foi vetada a nomeação de presos políticos ou familiares como membros do grupo. Por isso, foi possível que o jornalista, autor de um livro sobre sua experiência no cárcere, pudesse integrar oficialmente os trabalhos.

Do mesmo modo que ocorreu na CNV, a CEV-Rio tinha um mandato de dois anos determinado por lei e foi contratado um grupo de pesquisadores para auxiliar as investigações sobre as violações de direitos humanos. No Rio de Janeiro, segundo o Relatório Final da CNV, existiram ao menos nove locais usados como cárcere de opositores políticos pelas Forças Armadas ou de Segurança Pública. Além disso, a capital fluminense era sede dos centros de inteligência da Marinha, do Exército e da Aeronáutica.

Com experiência em reportagens investigativas sobre o período, o jornalista Marcelo Auler foi contratado como assessor da CEV-Rio. Auler já apurava informações sobre o desaparecimento de Rubens Paiva desde o início de 2013. Nessa época, trabalhando como repórter *freelancer* para a *Carta Capital*, ele buscou contato com os agora capitães Jacy e Jurandyr Ochsendorf e Souza. Sem sucesso, Auler telefonou para o general Raymundo Ronaldo Campos, capitão da diligência no Alto da Boa Vista em 1971, que aceitou conceder uma entrevista sobre o assunto. O resultado foi uma reportagem publicada na revista em março de 2013.

Nessa primeira conversa, o general não admitiu ter participado de uma farsa em torno da versão divulgada pelo Exército sobre a "fuga" de Rubens Paiva da viatura conduzida por Campos. Auler contou que, em uma conversa com o jornalista Elio Gaspari, foi aconselhado a manter contato com o militar para convencê-lo a falar sobre o que se passou dentro do DOI-CODI do Rio de Janeiro, em 1971. Alguns meses depois, Auler se tornou assessor da CEV-Rio e "disse que estava fazendo o trabalho [caso Rubens Paiva] e o Wadih [presidente da CEV] falou para continuar. Mas eles não queriam que eu, como assessor, fizesse contato direto". Na visão do jornalista, os membros não queriam que ele assumisse sozinho compromissos sobre a permissão de anonimato nos depoimentos.

Auler fez pesquisas nos arquivos existentes e recuperou, no Ministério Público Militar, o inquérito movido entre 1986 e 1987. Depois disso, passou a entrevistar os envolvidos naquela investigação, conforme ficou registrado no Relatório Final da CEV-Rio[20]. O trabalho era coordenado por Wadih Damous e Nadine Borges. E, ao longo de dez meses, Auler contou que manteve diversas conversas por telefone com o general Raymundo Ronaldo Campos, até que ele aceitou recebê-lo em novembro de 2013. Nessa ocasião, o militar admitiu a farsa, depois que Auler disse a ele:

> Toda vez que surge o caso Rubens Paiva, os três únicos nomes lembrados são o do senhor e o dos irmãos [sargentos Ochsendorf e Souza]. Porque, para seu azar, o seu nome ficou registrado no boletim de ocorrência da polícia do sequestro que não houve. Em 1978, eu levei a matéria, o senhor deve lembrar, o Fritz derrubou a tese do sequestro. É inverossímil. O senhor já imaginou que, quando o senhor vier a falecer, seus filhos e seus netos vão continuar ouvindo que foi o senhor que matou o Rubens Paiva?

A conversa foi gravada e transcrita. Na semana seguinte, ainda em novembro de 2013, o jornalista e Wadih Damous estiveram novamente com o militar para a leitura do depoimento e assinatura. Naquele momento, o general pediu sigilo de sua identidade, o que foi aceito pela CEV-Rio. De acordo com Marcelo Auler, alguns meses depois, o Grupo de Justiça de Transição do Ministério Público Federal do Rio de Janeiro ficou sabendo da existência do depoimento e também convocou Campos para ser ouvido no inquérito do caso conduzido pelo MPF. Marcelo Auler disse que, após a iniciativa dos procuradores, a CEV-Rio decidiu tornar o depoimento público – uma vez que o depoimento ao MPF servia para instrução de uma denúncia à Justiça Federal e não manteria a identidade de Campos em sigilo.

Depois de novo contato com o militar, Campos autorizou a divulgação de seu nome no documento. Assim, em 6 de fevereiro, o *Jornal Nacional* veiculou uma reportagem a partir do depoimento do general Raymundo Ronaldo Campos, obtido com exclusividade junto à Comissão Estadual da Verdade do Rio de Janeiro. No novo depoimento, o general admitiu que:

> Na noite do dia 21 para 22 de janeiro de 1971, em dado momento, sem se lembrar da hora exata, o chefe do setor de operações que estava de plantão, o major Francisco Demiurgo Santos Cardoso, o chamou e disse "olha, você vai pegar o carro, levar em um ponto bem distante daqui, vai tocar fogo no carro para dizer que o carro foi interceptado por terroristas e vem para cá". Que chegou a questionar seu superior perguntando "ué, por quê?" tendo ouvido como resposta que era "para justificar o desaparecimento de um prisioneiro". Que nessa hora o major Demiurgo não lhe deu o nome do prisioneiro e só depois, quando voltou ao quartel e preencheu o Mapa de Missão, é que foi informado de que se tratava de Rubens Paiva, motivo pelo qual no Mapa de Missão aparece o nome do preso político; que saiu do quartel sem saber o nome do preso político; que a justificativa para o desaparecimento do preso, segundo ouviu do major Demiurgo, foi que a pessoa que deveria estar no carro morreu no interrogatório; que não lhe foi dito em que condições essa pessoa morreu no interrogatório; que o major apenas informou "morreu, morreu, morreu no interrogatório".

Até aquele momento, CNV e CEV-Rio faziam audiências públicas de modo coordenado e esses eventos sempre contavam com integrantes de ambas as comissões. Para citar apenas dois exemplos, em janeiro de 2014, integrantes dos dois grupos fizeram uma visita de reconhecimento à Vila Militar do Rio de Janeiro e depois promoveram uma audiência pública conjunta para tomada de depoimentos de vítimas de tortura naquele local. Em dezembro de 2013, uma pesquisa da CNV produzida por pesquisadores da PUC-Rio sobre violações de direitos humanos no pós-golpe foi apresentada no auditório da Caixa de Assistência dos Advogados do Rio de Janeiro, sede da CEV-Rio, e teve participação de membros de ambos os grupos.

No entanto, as investigações dos casos em si eram conduzidas de modo separado. Marcelo Auler afirmou que a "Comissão Nacional da Verdade não falava com a gente e havia disputa". Na prática, o assessor diz que não havia compartilhamento de informações sobre as diligências e convocações realizadas sobre desaparecidos no Rio de Janeiro. Auler disse que só tomou conhecimento do depoimento do coronel Armando Avólio Filho, por exemplo, quando a CNV fez uma audiência pública em fevereiro de 2014, na divulgação do documento ao público.

Essa falta de coordenação entre os trabalhos da CEV-Rio e da CNV no caso Rubens Paiva se aprofundaria nos meses seguintes. Essa mesma separação se repetiu em relação ao inquérito conduzido no MPF, que também demonstrou independência total em relação aos trabalhos das comissões. No entanto, os procuradores tinham um objetivo diferente das comissões. Devido às suas atribuições constitucionais, o MPF possui prerrogativa funcional de processar os acusados pelo caso e, conforme sentenciou a Corte Interamericana de Direitos Humanos, denunciá-los ao Judiciário.

O relatório preliminar da CNV sobre o caso Rubens Paiva

Em 27 de fevereiro de 2014, os membros da CNV convocaram uma entrevista coletiva para a imprensa na sede do Arquivo Nacional do Rio de Janeiro, com o objetivo de apresentar um "Relatório Preliminar de Pesquisa sobre o caso Rubens Paiva". Foi o segundo de uma série de oito documentos semelhantes divulgados em audiências públicas ao longo de 2014. Na explicação do então coordenador, Pedro Dallari, era um modo de levar à sociedade parte dos trabalhos desenvolvidos pela Comissão na preparação para a entrega do relatório final[21], em dezembro de 2014.

A iniciativa era o resultado de uma negociação perante a crise interna do colegiado que levou à saída de Claudio Fonteles. Dallari foi nomeado para a Comissão em setembro de 2013. Pouco depois, ele assumiu a coordenação e, desde então, o grupo passou a se preparar para iniciar essas apresentações públicas. A divulgação pretendia atender às reclamações de familiares das vítimas da ditadura que pediam transparência e publicidade das pesquisas produzidas pelo colegiado.

Nesse dia, que antecedeu o feriado de Carnaval de 2014, um auditório praticamente vazio no Arquivo Nacional aguardou a apresentação dos resultados na CNV sobre o caso Rubens Paiva. A cena era inusitada, visto que o convite da Comissão aos jornalistas era para informar a identificação dos autores da morte do ex-parlamentar e a divulgação do depoimento de uma testemunha ocular dos fatos. Um mês antes, em uma audiência de coleta de depoimentos de vítimas, o mesmo local estava lotado.

Na apresentação da pesquisa realizada, a conselheira Rosa Cardoso iniciou seu discurso identificando as origens do trabalho, com a investigação conduzida anteriormente por Claudio Fonteles, e informando que ela finalizou a coordenação da pesquisa iniciada por ele em 2013:

> Quero começar dizendo que nessa pesquisa, que foi feita muito particularmente na secretaria-executiva pela assessora especial, a senhora Vivien Ishaq, eu sucedo nessa coordenação o comissário Claudio Fonteles, que já deixou resultados muito significativos. De modo que retomamos alguns depoimentos para que não houvesse dúvida, para ver se algumas versões se mantinham, mas já tínhamos, quando ele saiu, informações muito relevantes sobre a autoria da morte e também sobre situações subsequentes.

O relatório de 17 páginas foi então apresentado. Como uma petição judicial, o documento fundamentou o trabalho da CNV para o esclarecimento das graves violações de direitos humanos, atribuição fixada na Lei nº 12.528. A primeira parte do relatório seguiu com um memorial do caso e uma reconstituição das informações, depoimentos e documentos já conhecidos sobre ele que foram localizados em pesquisa no Arquivo Nacional. Entre eles, os depoimentos prestados por Cecília Viveiros de Castro e Amílcar Lobo no inquérito da Polícia Federal em 1986 e que antecedeu o IPM do Exército em 1987. Um trabalho que já havia sido verificado no relatório de Fonteles, apresentado em fevereiro de 2013. A Comissão também juntou trechos do novo depoimento prestado pelo general Raymundo Ronaldo Campos à CEV-Rio, admitindo que forjou o "ataque" ao automóvel do Exército no Alto da Boa Vista.

Já na segunda parte, o relatório apresentou os resultados e as investigações da CNV. De modo cronológico, a Comissão explicitou que o trabalho teve início a partir da documentação encontrada na casa do coronel reformado Júlio Molinas Dias, em Porto Alegre – após sua morte. Na sequência, partes do relatório interno feito por Fonteles foram incorporadas evidenciando as contradições nos depoimentos dos sargentos Jacy e Jurandyr Ochsendorf e Souza, que acompanhavam o general Raymundo Ronaldo Campos, na época capitão e chefe da dupla.

Ao final, a CNV apresenta a carta do coronel Ronald Leão, já falecido naquele momento, e o depoimento da testemunha "Y" – modo como foi identificado o coronel Armando Avólio Filho, uma vez que ele havia pedido anonimato em troca da colaboração com a Comissão. Rosa Cardoso explicou que, após a saída de Fonteles, esteve duas vezes no início de 2014 com o coronel Avólio para reiterar o seu depoimento e para o reconhecimento do agente Hughes. Além disso, o relatório apresentou a contradição em torno do depoimento do general José Antonio Nogueira Belham, implicado por Leão e Avólio como responsável pela morte de Rubens Paiva, e seu registro de férias nas suas "folhas de alteração".

Para a CNV, era evidente que o general sabia o destino do corpo do ex-parlamentar, mas se recusava a informar uma vez que já sabia das investigações do MPF. Procurado para prestar um novo depoimento à Comissão, Belham negou-se. O advogado do general alegou que ele seria denunciado criminalmente e não tinha mais interesse em prestar esclarecimentos. Um comportamento que evidencia como os militares se escoram na interpretação vigente da Lei de Anistia para impedir que as informações sobre os crimes sejam minimamente esclarecidas. Independentemente de ter participado ou não do interrogatório, Belham era o comandante do DOI e, pela hierarquia, responsável por todas as ações dentro da unidade. De um modo ou de outro, ele seria necessariamente responsabilizado por suas ações ou pelos atos de seus subordinados.

Como já citado, apesar da importância do relatório divulgado, a audiência pública não contou com a presença de integrantes da CEV-Rio, ou mesmo obteve um comparecimento expressivo de ex-presos políticos e pesquisadores de direitos humanos, e ocorreu até mesmo sem a presença da própria família de Rubens Paiva. O relatório trouxe resultados importantes e detalhes desconhecidos sobre a tortura à qual o ex-parlamentar fora submetido no DOI-CODI. Era de se esperar que, com uma divulgação mais ampla, as entidades e pessoas envolvidas com a área estivessem presentes e em grande número na audiência pública – como em outras vezes.

Sobre aquele momento, Vera Paiva contou que ela e seus irmãos pediram à CNV que adiasse por duas semanas a divulgação. O prazo era necessário para que o MPF tomasse os últimos depoimentos que embasavam a formulação da denúncia que seria apresentada ao Judiciário contra os militares acusados pela morte de seu pai. De acordo com ela, o pedido não foi atendido:

> Nós nunca brigamos com a Comissão Nacional da Verdade, porque a gente acha que o trabalho da CNV é fundamental. Então não é possível fazer oposição. Mas teve um momento em que a Comissão disputou com o Ministério Público e isso não é adequado. A gente achou uma burrada. Acho que devia ter trabalhado com o Ministério Público. E a nossa impressão é que tinha briga de ego, a gente não sabe muito bem. Mas claramente [havia]. Porque o Ministério Público queria segurar [a informação] porque ele tinha duas ou três testemunhas para ouvir. E a Comissão resolveu divulgar na véspera do carnaval, desnecessariamente, a notícia. E a gente dizia, "mas por que na véspera do carnaval? Não é hora para divulgar! Vocês podem perfeitamente esperar 15 dias. Primeiro que é ruim. Ninguém vai querer ler isso na sexta-feira de carnaval. Não acrescenta nada. E segundo porque vocês vão atravancar o trabalho do Ministério Público". Não teve jeito. E aí eles queriam que a gente desse entrevista junto, e a gente falou: "Não vamos. Nós não vamos para o Rio. Nós não vamos ser instrumento de vocês no processo". Agora, eu ajudei à beça a comissão.

Apesar da pouca presença de público no dia, a divulgação das informações do relatório parcial sobre o caso Rubens Paiva abriu um período de intensa discussão pública, seja por meio da imprensa, de eventos ou audiências públicas, seja pela proximidade dos 50 anos do golpe militar – completados em 1º de abril de 2014. Ao longo do mês de março, a maioria dos veículos de mídia do país publicou reportagens especiais sobre o assunto e, entre os destaques, o caso do desaparecimento do ex-deputado Rubens Paiva. Mas também surgiram novos depoimentos de militares, com revelações sobre o crime cometido contra o ex-parlamentar, que tiveram consequências tanto para o trabalho da CNV como para o da CEV-Rio.

A atuação da imprensa no caso Rubens Paiva em 2014

Um terceiro momento no qual a imprensa atuou de modo decisivo no caso Rubens Paiva ocorreu em 2014. Depois de alguns anos em que os temas relacionados à ditadura militar não tiveram tanto destaque nos jornais, rádios e TVs, a instauração dos trabalhos da CNV fez com que esses assuntos voltassem à pauta a partir do fim de 2011 – mesma época da edição e sanção da Lei nº 12.528. Esse interesse aumentou, conforme mencionado, devido à data em que se completavam os 50 anos do golpe militar de 1º de abril de 1964.

Não demorou muito para que surgissem matérias especiais lembrando algumas das vítimas da ditadura, e uma das primeiras a ter destaque foi veiculada na noite de quinta-feira, 1º de março de 2012. A comentarista de Economia dos telejornais da Rede Globo, Miriam Leitão, dedicou seu programa semanal inteiro na GloboNews ao especial "Uma história inacabada", uma reportagem sobre o desaparecimento de Rubens Paiva em 1971.

O especial recontou o sequestro do ex-parlamentar para então inseri-lo no contexto atual de abertura das investigações por meio da CNV. Trouxe o depoimento de Eliana Paiva, que se recusava a falar do assunto publicamente. Apesar de ser colunista de Economia, o programa de Miriam Leitão na GloboNews dedica espaço aos mais diversos assuntos, que vão de economia a segurança pública, literatura, cultura, história. O programa dedicado ao caso Rubens Paiva foi vencedor na categoria televisão do prêmio Vladimir Herzog de Anistia e Direitos Humanos de 2012. A reportagem fez um importante registro audiovisual dos detalhes que envolviam o crime contra o ex-parlamentar, embora não tenha obtido novos elementos sobre o paradeiro dos restos mortais ou a identificação de seus algozes.

Ainda em 2012, no mês de novembro, os jornalistas José Luís Costa, Humberto Trezzi, Marcelo Perrone e Nilson Mariano publicaram no jornal *Zero Hora* a série de reportagens "Os arquivos secretos do coronel do DOI-CODI" – a partir dos documentos obtidos na casa do coronel Júlio Molinas Dias. O oficial morreu durante um latrocínio no início de novembro de 2012, e durante a investigação do crime a Polícia Civil do Rio Grande do Sul encontrou diversos documentos do período em que Dias chefiara o DOI-CODI do Rio de Janeiro, nos anos 1980.

Além desses documentos, alguns relativos ao caso Riocentro, o coronel havia guardado em sua casa o registro de entrada de Rubens Paiva na prisão. O documento continha até a assinatura do ex-parlamentar. Na ocasião da descoberta dos documentos, o escritor Marcelo Rubens Paiva chegou a declarar que "a história precisa ser contada através de investigação, de apuração. Nunca é o Estado que está revelando. Foi através de jornalistas que nós soubemos do desaparecimento do meu pai. Sempre é a imprensa que conta a história". O trabalho venceu a categoria principal da 58ª edição do Prêmio Esso de Jornalismo.

E foi também em 2012 que se iniciou um extenso trabalho de pesquisa e investigação pelo repórter especial Chico Otavio e por mim, em *O Globo*. Em maio daquele ano, nós nos dedicamos a uma reportagem sobre os militares que trabalharam na chamada "Casa da Morte de Petrópolis", na Região Serrana do Rio de Janeiro. Entre os diversos temas já trabalhados na imprensa, o cárcere clandestino do Centro de Informações do Exército para torturas e assassinatos de opositores políticos tinha, como ainda hoje tem, muito a ser investigado.

Na divisão de trabalhos, Chico Otavio e eu trabalhamos na identificação de uma lista de nomes de torturadores produzida pela Secretaria de Direitos Humanos da Presidência da República, em 2012, e que tinha como base o depoimento de Inês Etienne Romeu e os relatos do sargento Marival Chaves. Em outra ponta da pesquisa, o repórter Marcelo Remígio buscou as informações em arquivos públicos, na Delegacia de Petrópolis e na prefeitura da cidade. Nosso objetivo era obter novos dados sobre os desaparecidos e convencer os ex-agentes da repressão a concederem entrevistas sobre o assunto.

Nós começamos a trabalhar no mesmo mês em que a CNV foi instalada, e passamos dois meses buscando nomes e identificações completas dos militares citados na lista da SDH, além de endereços e telefones dos militares.

Esse trabalho foi realizado por meio de listas telefônicas, endereços na internet e colaboração de fontes, conhecidas no jargão jornalístico como *in off*, com acesso a dados públicos[22]. Nesse mesmo período, pesquisamos intensamente no acervo de *O Globo* e localizamos grande parte do material publicado por jornais e revistas na época da descoberta da localização da casa, denunciada por Inês Etienne Romeu em 1981.

O próximo passo foi abordar militares em busca de entrevistas. A maioria dos que foram encontrados recusou o contato. Depois de algumas tentativas, encontramos o sítio do tenente-coronel reformado do Exército Paulo Malhães, na zona rural de Nova Iguaçu, em uma região distante da Baixada Fluminense. Como não havíamos feito contato prévio, travamos uma negociação tensa na porteira do sítio do militar até que, após algum tempo de conversa, ele decidiu nos receber. Os argumentos para convencê-lo foram na linha da necessidade de diálogo e de que o nosso interesse sobre o trabalho de Malhães era jornalístico e histórico. Não tínhamos intenção de julgá-lo por suas ações, mas interesse em conhecer sua versão sobre o tempo em que serviu o Exército na ditadura militar. Ele concordou, e assim surgiu a série de reportagens "Relato dos Porões".

As matérias trouxeram uma entrevista exclusiva na qual Malhães admitiu a existência e a formulação da "Casa da Morte" em Petrópolis – usada como cárcere clandestino para o público, mas com total conhecimento do Centro de Informações do Exército (CIE). Nenhum dos comandantes pelas operações naquele local havia admitido a existência dessa prisão. Os relatos sobre o local antes eram da única vítima a sobreviver, Inês Etienne Romeu, e de dois militares de baixa patente: o tenente-médico Amílcar Lobo e o sargento Marival Chaves.

Malhães, porém, não quis nomear as vítimas que matara ou torturara em Petrópolis ou em qualquer outro lugar. Ao longo de quase seis horas de entrevista, ele contou que fora ele o responsável por trazer da região amazônica cinco jacarés e uma cobra usados para torturar presos dentro do DOI-CODI do Rio. E, ao final, também disse que tinha informações sobre o desaparecimento do ex-deputado Rubens Paiva. Na versão dele, o ex-parlamentar era "um dos desaparecidos que tinham sido enterrados em algum lugar e depois enterrados em outro lugar". Ele não quis dar mais detalhes da história e pediu sigilo da informação naquele momento.

Passada a repercussão da publicação da reportagem, segui trabalhando como repórter na cobertura da instalação dos trabalhos da CNV e passei a pesquisar nos documentos do Serviço Nacional de Informações liberados para consulta pelo Arquivo Nacional. Assim, iniciei por conta própria uma pesquisa específica sobre o caso do ex-parlamentar. Para isso, analisei também biografias e obras publicadas sobre a ditadura militar desde os anos 1980 até hoje. Naquele ano, também passei a pesquisar no Arquivo do DOPS do Rio de Janeiro e, depois da inauguração do portal virtual, nos arquivos do *Projeto Brasil Nunca Mais*. O objetivo era traçar um panorama de todas as informações disponíveis sobre o desaparecimento de Rubens Paiva para encontrar novos caminhos de investigação.

Em março de 2013, eu e Chico Otavio iniciamos novo esforço conjunto para uma reportagem sobre os assassinos de Rubens Paiva. Nosso primeiro passo foi revisitar os militares listados como envolvidos durante o IPM de 1986/1987. Nesse período, procuramos ao menos seis militares para falar sobre o assunto por telefone ou por cartas. Só na casa do coronel Avólio estivemos ao menos três vezes, deixando cartas com pedidos de entrevista. Nenhum dos militares respondeu ao pedido de encontro. Meses mais tarde, Avólio retornou uma ligação, mas nunca marcou uma entrevista.

Na mesma época em que iniciamos essa apuração, o Grupo de Trabalho de Justiça de Transição do Ministério Público Federal no Rio de Janeiro começou a dar mais ênfase à sua atuação. E, em algumas ocasiões, pedimos auxílio ao MPF, por meio da Lei de Acesso à Informação, para pesquisar e copiar documentos públicos. Em contrapartida, fomos requisitados pelo GT sobre informações publicadas em nossas reportagens. Essa situação era semelhante em relação à CNV e à CEV-Rio.

Em determinados momentos, ocorreu uma colaboração intensa e troca de informações com órgãos, mas em outras situações cada instituição prosseguiu sua pesquisa compartilhando as informações apenas ao final da produção de seus relatórios. Tanto Chico Otavio quanto eu produzimos reportagens investigativas sobre o período antes da instalação das comissões e seguimos com esse trabalho.

No fim de 2013, já trabalhando no jornal *O Dia,* Chico e eu tivemos que encerrar o trabalho em dupla. As informações acumuladas, no entanto, eram muitas e resultaram em diversas matérias sobre o assunto a partir de 2014, em meio à cobertura dos 50 anos do golpe militar. A primeira delas – "MP vai denunciar quatro militares por morte de Rubens Paiva" –, assinada por Chico Otavio, foi publicada no domingo, 16 de março. O material trazia a confissão de um militar, que pediu anonimato, sobre uma operação para ocultar definitivamente o cadáver de Rubens Paiva em 1973. Na reportagem, após localização da cova na praia do Recreio dos Bandeirantes, o corpo foi atirado ao mar.

A reportagem não identificava o militar, mas a lembrança do relato anterior do tenente-coronel Paulo Malhães sobre o assunto me fez procurá-lo novamente, em meio a uma série de reportagens que eu estava produzindo sobre os militares que auxiliaram na deposição do governo de João Goulart. Depois de duas conversas ao telefone na mesma semana, ele decidiu me receber novamente no sítio.

Nesse segundo encontro presencial, ele voltou a recapitular sua trajetória militar, até contou sobre uma missão especial recebida do Centro de Informações do Exército em 1973. Na sua versão, o núcleo de inteligência temia que um corpo enterrado na praia do Recreio dos Bandeirantes fosse encontrado e, por isso, foi ordenado a ele que organizasse uma operação sigilosa de localização desses restos mortais para posterior destruição definitiva. O cadáver em questão era do ex-deputado federal Rubens Paiva. Malhães, porém, não quis dizer o que fez com os restos mortais do ex-parlamentar.

Além da confissão em si, ele contou nomes dos outros militares que o acompanharam ou estavam subordinados a ele na "missão". As informações de Malhães, 40 anos depois do desaparecimento de Paiva, se completavam a trechos da reportagem produzida pelos jornalistas Fritz Utzeri e Heraldo Dias em 1978, e corroboravam as investigações produzidas pela Polícia Civil, em 1987 – quando surgiu uma denúncia anônima de que o corpo do ex-parlamentar fora enterrado naquele local. Além disso, reforçava dois relatos de ex-integrantes da repressão. O primeiro partiu de um militar que pediu anonimato e foi reportado em uma matéria de Pedro Bial, no *Fantástico*, em 1999. O outro foi feito pelo policial Fernando Gargaglione ao repórter João Antonio Barros, durante uma série de reportagens sobre a Polícia Civil na ditadura.

Publicada no dia 20 de março de 2014, a reportagem "Coronel revela como sumiu com corpo de Rubens Paiva" teve enorme repercussão pública, sendo republicada no dia seguinte em diversos sites, revistas e jornais, entre eles a *Folha de S. Paulo* e *O Estado de S. Paulo*. Também no dia 21 de março, Chico Otavio publicou uma nova reportagem em *O Globo* sobre um depoimento prestado em sigilo por Malhães à Comissão da Verdade do Rio, no início daquele mês. O documento era mantido em segredo pelo grupo e teve trechos divulgados naquele dia por meio dessa reportagem. Nesse depoimento à CEV-Rio, Malhães contou o modo empregado para ocultar os cadáveres de opositores da ditadura que foram presos na "Casa da Morte". Ele também admitiu a operação para destruir os restos mortais de Rubens Paiva, mas informou que após a localização da sepultura clandestina na praia do Recreio o cadáver fora despejado em um rio.

Os diversos relatos de Malhães naquela semana, entre 16 e 21 de março de 2014, fizeram com que a CNV finalmente convocasse Malhães para um depoimento em uma audiência pública que estava marcada para a semana seguinte no Rio de Janeiro. Assim, no dia 25 de março, em meio à atribulada presença de diversos órgãos de imprensa nacional e estrangeira, a CNV tomou o depoimento de Malhães. O militar havia solicitado primeiro que o relato fosse colhido de modo reservado, fora da audiência pública. Depois, quando já estava na sala do depoimento no Arquivo Nacional, disse que autorizava a imprensa a acompanhar.

O militar, então, falou por cerca de duas horas. Todos os membros da CNV sentaram-se ao redor de Malhães, mas as perguntas foram conduzidas exclusivamente por Rosa Cardoso e José Carlos Dias. Quem acompanhou o depoimento conseguiu perceber a dificuldade dos membros da CNV para tomar o depoimento. Malhães tentou fazer uma introdução cronológica de seu trabalho no Exército, mas logo foi interrompido com questionamentos.

Nas primeiras perguntas, um dos conselheiros perguntou se ele tinha sido lotado no Centro de Informações do Exército. Ele respondeu que sim, mas não no período em que ele estava comentando. Naquele momento, o tenente-coronel falava sobre sua participação no curso de informações do Centro de Estudos de Pessoal, no Forte do Leme, em Copacabana, entre 1967 e 1968. Os conselheiros indagaram se ele também tinha estudado na Escola das Américas, no Fort Gulick, nos Estados Unidos. Ele respondeu que não.

O militar voltou a falar cronologicamente sobre sua ascensão nas Forças Armadas, mas os conselheiros perguntaram se ele ocupou cargos no gabinete do ministro do Exército. Ele disse que sim. Os conselheiros então o questionaram sobre nomes de colegas e que trabalho desempenhavam.

Malhães foi sucinto dizendo que cada um tinha sua função. Os membros da CNV perguntaram sobre o Movimento Anticomunista, se o coronel Ustra tinha relação com esse movimento e, nessa sequência, qual era a relação de Malhães com o ex-comandante do DOI-CODI paulista. Em seguida, foram feitas perguntas sobre a "Casa da Morte de Petrópolis".

Nessa linha de raciocínio, não se obteve mais informações sobre os cursos que levaram o militar a ser escolhido para integrar o CIE, por exemplo. Nem os instrutores dessas aulas, os colegas de farda que dividiram a turma com ele e menos ainda os conteúdos repassados aos militares, que ensinavam como torturar presos. Segundo o próprio Exército, os cursos do Centro de Estudos de Pessoal foram um embrião para a construção da Escola Nacional de Informações, que formava os agentes do SNI.

Por outro lado, seu chocante relato diante de toda a imprensa era um momento inédito. Assim, falando de modo pausado e extremamente frio, ele contou sobre seu envolvimento em uma série de crimes e até descreveu o modo de impedir que corpos fossem identificados. Tudo sem admitir os nomes de suas vítimas, uma vez que não era obrigado a fazê-lo. No entanto, durante a audiência pública, o tenente-coronel Malhães voltou atrás na confissão que havia feito sobre a ocultação do cadáver de Rubens Paiva e, nesse segundo momento, negou que tivesse participado da operação em 1973.

A imprensa nacional e estrangeira noticiou amplamente o depoimento público de Malhães, enfatizando a frieza com que ele descreveu seus crimes. No entanto, o choque público provocado com os detalhes cruéis ofuscou o fato de que a nova fala do militar representava um retrocesso em relação aos depoimentos anteriores prestados por ele à imprensa e à CEV-Rio, onde ele admitia não apenas a existência dos crimes, mas o nome de algumas das vítimas de suas ações, como Rubens Paiva.

Trinta dias após a aparição pública, Malhães foi morto durante um assalto em seu sítio na Baixada Fluminense. O assassinato do militar gerou nova onda de cobertura jornalística e outra investigação própria. Na cobertura do caso para *O Dia*, entrevistei algumas vezes a viúva do coronel, Cristina Malhães. Segundo ela, três criminosos renderam o casal com as armas do militar e os mantiveram como reféns durante quase dez horas. Segundo o laudo cadavérico, ele foi asfixiado por um dos assaltantes e teve uma parada cardíaca nesse momento, o que resultou na morte. Em julho de 2014, a Polícia Civil do Rio de Janeiro concluiu o inquérito da morte do tenente-coronel como latrocínio e prendeu os envolvidos, que foram condenados pelo crime.

Entretanto, ocorreram alguns episódios controversos durante a morte de Malhães. Alguns dias após o crime, a viúva dele também contou em entrevista ao jornal O Dia que Malhães havia mentido durante o depoimento à CNV ao negar a operação para ocultar a ossada de Rubens Paiva. Cristina disse que o marido já contava a mesma história havia anos na intimidade do casal e dizia que o destino final dos restos mortais do ex-deputado foi um rio – versão semelhante à relatada no depoimento à CEV-Rio. Naquela ocasião, a CNV revelou que pretendia ouvir a viúva para registrar o relato. Outro fato inusitado ocorreu com o general Carlos Alberto Brilhante Ustra, antigo comandante do DOI-CODI de São Paulo e parceiro de Malhães em algumas operações. O militar ficou sabendo da morte do colega de farda antes mesmo da imprensa noticiar o crime[23].

A morte de Malhães novamente mexeu com a investigação do caso Rubens Paiva. O Ministério Público Federal, que ainda apurava detalhes do caso, procedeu uma busca e apreensão com autorização judicial na casa do militar e localizou alguns documentos da ditadura militar guardados no sítio. No fim de maio, a CEV-Rio divulgou a íntegra do depoimento prestado por Malhães em uma audiência pública do grupo, mostrando, entre outras coisas, que o militar também atuara na captura de militantes de esquerda argentinos que estavam no Brasil.

Os resultados dos trabalhos das comissões

Em dezembro de 2014, a Comissão Nacional da Verdade apresentou, em cerimônia no Palácio do Planalto, o relatório final do grupo à presidente Dilma Rousseff. O encerramento dos trabalhos tornou público o esforço empreendido desde maio de 2012, apresentando um documento com 4.328 páginas, divididas em três volumes.

A primeira parte reuniu as atividades da CNV, descreveu os fatos examinados e apresentou as conclusões e recomendações dos membros, conforme o que ficou determinado em lei. Nesse volume, por exemplo, foram listados os 377 militares responsáveis por violações de direitos humanos – entre eles, os cinco presidentes da República do período. Assim, o grupo descreveu no documento como todo o aparato da ditadura militar, desde os presidentes da República até os cabos e soldados, esteve envolvido hierarquicamente na cadeia de comando que criou e manteve os órgãos de repressão que cometeram torturas e assassinatos. Outro aspecto inovador dessa parte do relatório foi a recomendação da CNV pela revogação da Lei de Anistia.

No segundo volume do relatório final, a CNV reuniu nove textos de pesquisas temáticas produzidas sob a responsabilidade de membros do colegiado. Alguns foram resultados de atividades desenvolvidas em grupos de trabalho da própria Comissão. Essa parte do relatório assinalou como militares, trabalhadores organizados, camponeses, igrejas cristãs, indígenas, homossexuais e funcionários de universidades foram afetados pela ditadura e pela repressão, além do papel que esses grupos tiveram na resistência. Nesse volume também ficou registrada uma análise do apoio civil à ditadura, sobretudo por meio de grandes empresários, e a resistência de outros setores da sociedade à ruptura democrática e aos crimes de lesa-humanidade. Alguns pesquisadores já estudavam essas temáticas, mas os relatórios e publicações produzidos por órgãos estatais sobre as vítimas da ditadura nunca tinham retratado oficialmente esses aspectos.

A última parte, o volume III, trouxe a biografia de cada uma das 434 vítimas fatais identificadas[24]. O detalhamento individual da pesquisa foi padronizado para informar ainda sobre o andamento dos procedimentos de investigação da Comissão Nacional da Verdade e a cadeia de comando responsável pelo crime cometido.

No entanto, no que diz respeito aos desaparecidos, foram poucos os avanços alcançados. Uma equipe de pesquisadores do Rio de Janeiro conseguiu identificar o sepultamento clandestino de três jovens enterrados como indigentes, entre 1969 e 1972, em cemitérios da cidade. A localização das ossadas, porém, se tornou impossível uma vez que os restos mortais haviam sido incinerados ou colocados em uma vala comum. A Comissão também logrou o exame genético de Epaminondas Gomes de Oliveira e retornou seus restos mortais à sua família. Mas, como o coordenador da CNV, Pedro Dallari, admitiu, esse era o quesito de maior "frustração".

Para analisar o trabalho da CNV sobre o caso Rubens Paiva como um todo, no entanto, foi preciso iniciar a observação pelo relatório parcial, que teve impacto decisivo para o documento final geral do colegiado.

A pesquisa, divulgada em fevereiro daquele ano, trouxe, por meio dos depoimentos obtidos pelo conselheiro Claudio Fonteles, as primeiras informações mais precisas sobre os responsáveis diretos pela morte e desaparecimento do ex-parlamentar. Sem os depoimentos dos militares que trabalhavam dentro do DOI-CODI do Rio de Janeiro foi impossível, até aquele momento, saber, por exemplo, quais agentes estavam dentro da sala de interrogatório torturando o ex-parlamentar. Não foram encontrados documentos públicos com essas informações e mesmo os depoimentos de outros presos não conseguiram obter o mesmo nível de detalhes internos da organização que só os ex-agentes da repressão possuíam.

No entanto, faltou transparência sobre o modo como esses depoimentos ocorreram. Ao apresentar sua investigação a partir da página nove, a Comissão em nenhum momento deixou claro que foi por iniciativa dos militares que as informações foram obtidas, ou seja, foram eles que procuraram a CNV para contar o que sabiam sobre o caso – e não o contrário. Nesse sentido, os próprios testemunhos prestados pelos dois anteriormente, no âmbito no IPM de 1986/1987, não foram sequer mencionados ou contextualizados, uma vez que a versão relatada por ambos à época da outra apuração do caso foi completamente diferente. Desse modo, as razões da mudança de comportamento dos coronéis Avólio e Leão não pareceram ter sido investigadas. O relatório também não abordou se houve pressão durante o IPM de 1986/1987 para que eles tivessem mantido a versão oficial do Exército. Esses detalhes teriam dado mais sustentação aos novos relatos.

Outro caso semelhante ocorreu com o agora general reformado Raymundo Ronaldo Campos, que mudou sua versão sobre os fatos admitindo à CEV-Rio que a "fuga" de Rubens Paiva fora forjada. No depoimento de Avólio distribuído ao público, também não houve uma contextualização de como ele foi obtido, mas o relatório final do grupo sobre o caso registrou que a CEV-Rio ficou dez meses em contato com Campos na tentativa de convencê-lo a relatar os fatos. No caso da CNV, o relatório final não trouxe reflexões sobre essa abordagem inicial do coronel Avólio ao grupo.

No relatório, a CNV também quis embasar as contradições no depoimento do general Belham, comandante do DOI em 1971, que alegou desconhecer torturas ou mortes de presos dentro da unidade. Para contestar os argumentos apresentados pelo general, a CNV afirmou no documento apresentado ao público:

> A história da repressão política exercida pelo DOI do I Exército comandado pelo então major José Antonio Nogueira Belham, de novembro de 1970 ao final de 1971, é marcada, no entanto, pelo sangue de pelo menos 10 mortos e desaparecidos que estiveram sob custódia do DOI naquele período, a saber: 1. Celso Gilberto de Oliveira, VPR, desaparecido em 10/12/70; 2. Rubens Beyrodt Paiva, ex-deputado federal pelo PTB, desaparecido em 21/01/71; 3. Aderval Alves Coqueiro, MRT, morto em 06/02/71; 4. Antonio Joaquim Souza Machado, VAR-Palmares, desaparecido em 15/02/71; 5. Carlos Alberto Soares de Freitas, VAR-Palmares, desaparecido em 15/02/71; 6. Gerson Teodoro de Oliveira, VPR, morto em 22/03/71; 7. Maurício Guilherme da Silveira, VPR, morto em 22/03/71; 8. Marilena Villas Boas Pinto, ALN, morta em 03/04/71; 9. Mário de Souza Prata, ALN, morto em 03/04/71; 10. Aluízio Palhano Pedreira Ferreira, VPR, desaparecido em 20/05/71.

No entanto, segundo as informações disponíveis, não podemos constatar a prisão no DOI do Rio de Janeiro, seja por documentos ou testemunhos, de pelo menos cinco dos dez nomes relacionados[25]. As informações que contradizem os dados estão no *Dossiê ditadura mortos e desaparecidos políticos,* formulado pela Comissão de Familiares a partir dos relatórios da Comissão Especial sobre Mortos e Desaparecidos, e posteriormente foram incluídas no próprio relatório final da CNV.

Sobre o caso Rubens Paiva, por exemplo, o relatório final não fez acréscimos em relação ao documento apresentado em fevereiro. As entrevistas e depoimentos prestados pelo tenente-coronel Paulo Malhães à imprensa e à CEV-Rio não foram incluídos na descrição do caso. Não houve nenhuma menção sequer aos detalhes relatados por ele e até mesmo dos outros militares citados pelo oficial como envolvidos na operação de ocultação do cadáver do ex-parlamentar.

No trabalho feito pela Comissão de Familiares de Mortos e Desaparecidos Políticos, a premissa evidenciada é a de reunir todos os dados, mesmo que eles sejam divergentes. No *Dossiê*, o próprio caso Rubens

Paiva reúne versões diferentes para o que ocorreu com o ex-deputado, uma vez que os restos mortais não foram localizados. Como veremos a seguir, a abordagem do MPF é igualmente distinta, e o envolvimento de Malhães com o caso chegou a auxiliar a denúncia feita ao Judiciário. De modo geral, a Comissão também sofreu críticas pelo tratamento dado aos casos de mortos e desaparecidos mais conhecidos. Nas palavras de Carlos Fico, em entrevista à *Carta Capital* publicada em 12 de dezembro de 2014, "os conselheiros optaram por privilegiar os casos emblemáticos, já conhecidos e que há algumas décadas são reclamados pela militância de direitos humanos".

O relatório final da CEV-Rio, entregue um ano depois da CNV, trouxe um capítulo sobre o caso Rubens Paiva semelhante em conteúdo, porém mais amplo e com o registro das entrevistas concedidas por outras pessoas envolvidas com a investigação de 1986. Mas, sobretudo, a Comissão Estadual demarcou as contradições no depoimento recente do coronel Avólio, mostrando por meio de documentos do DOPS, pertencentes ao acervo do *Projeto Brasil Nunca Mais*, que Avólio trabalhou para o DOI-CODI. A CEV-Rio também registrou o depoimento do tenente-coronel Paulo Malhães e sua versão para a ocultação do cadáver de Paiva, mas não abordou a posterior negativa para a participação na operação ou mesmo a controversa morte de Malhães um mês depois de suas entrevistas. Por outro lado, a CEV-Rio não trouxe referência alguma ao trabalho da CNV no caso Rubens Paiva, nem sobre os depoimentos dos coronéis Avólio e Leão.

Enquanto todo o trabalho das comissões foi desenvolvido, entre 2012 e 2014, o MPF também investigou profundamente as circunstâncias da morte de Rubens Paiva e os acusados do crime. O resultado das investigações foi a denúncia na Justiça Federal. Esse trabalho esteve em alguns momentos entrelaçado às pesquisas da CNV e da CEV-Rio, apesar de ser independente delas.

Capítulo 7

MPF denuncia militares em processo inédito

Ao longo do mesmo período em que a Presidência da República criou a CNV, o Ministério Público Federal montou um Grupo de Trabalho específico para atuar nas investigações e denúncias às violações de direitos humanos ocorridas durante a ditadura militar. Instituído pela Portaria 21, da 2ª Câmara de Coordenação e Revisão do MPF (2CCR), em 25 de novembro de 2011, o Grupo de Trabalho Justiça de Transição (GT-JT) foi designado para examinar os aspectos criminais da sentença da Corte Interamericana de Direitos Humanos (CIDH) no caso *Gomes Lund* e dar apoio jurídico e operacional aos procuradores responsáveis por investigar e processar os casos, conforme ficou determinado pela CIDH. Desse modo, foram criados núcleos em diversos estados do país, como São Paulo, Rio Grande do Sul, Pará, entre outros. O GT do Rio de Janeiro foi instituído em março de 2012 e logo no primeiro mês de trabalho desse núcleo foi instaurado um procedimento para apurar o desaparecimento de Rubens Paiva.

A instituição da portaria por meio da 2CCR deu respaldo institucional a um trabalho que já vinha sendo desenvolvido desde 2008 por integrantes do MPF em São Paulo – antes mesmo da sentença da CIDH em 2010. Entre 2008 e 2009, os procuradores Marlon Weichert e Eugênia Gonzaga efetuaram oito notícias-crime no MPF sobre mortes e desaparecimentos ocorridos durante a ditadura, requerendo a abertura de investigações sobre os sequestros/desaparecimentos forçados e homicídios/execuções sumárias de Flávio de Carvalho Molina, Luis José da Cunha, Manoel Fiel Filho, Vladimir Herzog, Aluízio Palhano Pedreira Ferreira, Luiz Almeida Araújo, Horácio Domingo Campiglia, Mônica Susana Pinus de Binstock, Lorenzo Ismael Viñas e Jorge Oscar Adur.

A iniciativa, no entanto, sofria resistência até mesmo interna. Os integrantes do MPF que fizeram as notícias-crime submeteram as denúncias ao sistema interno da instituição, que redistribuiu automaticamente e de modo aleatório para as procuradorias responsáveis – trâmite padrão. No entanto, após o sorteio e a distribuição das notícias-crime, a maioria dos procedimentos foi arquivada a pedido dos procuradores que receberam os pedidos de abertura das investigações, o que demonstrou oposição de parte do MPF a esse trabalho.

A sentença da CIDH abriu novo caminho dentro da instituição. A partir da decisão, a 2CCR do MPF revisou a ação de arquivamento proposta pelos procuradores naturais dos casos de Aluízio Palhano Pedreira Ferreira e Luiz Almeida Araújo. A 2CCR é um órgão colegiado composto por três subprocuradores-gerais que fazem o trabalho de coordenação, integração e revisão do exercício profissional no MPF em matéria criminal.

A partir dessa revisão, a instituição passou a promover a execução da sentença da CIDH. Foram realizados encontros e debates internos que envolveram a Secretaria Nacional de Justiça, o Centro Internacional para a Justiça de Transição e a Procuradoria Federal dos Direitos do Cidadão, além da própria 2CCR. O resultado foi a portaria que instituiu o GT-JT em novembro de 2011. No mesmo documento, foi deliberado o entendimento unânime da 2ª Câmara:

> Os agentes públicos que se excederam e cometeram crimes durante a ditadura agiram como representantes de todo o Estado, e não apenas de seu segmento militar. Por isso, eventuais crimes cometidos submetem-se à jurisdição federal, havendo atribuição do MPF. Dessa forma, ocorre a independência das esferas de responsabilização, podendo os agentes públicos serem investigados pelo MPF mesmo que o Ministério Público Militar tenha arquivado ou venha eventualmente a arquivar investigações em sua esfera de atribuição.

No Rio de Janeiro, o processo sobre o desaparecimento de Rubens Paiva tramita na 4ª Vara Federal Criminal. Não foi uma tarefa simples ter acesso ao processo, a despeito de o mesmo ser público. Uma greve na Justiça Federal em todo o país impediu o acesso à documentação no cartório entre maio e dezembro de 2015. Depois, ignorando as determinações da Lei de Acesso à Informação, a chefia do cartório da 4ª Vara chegou a me pedir uma petição para que o juiz autorizasse a pesquisa, "uma vez que o caso tratava de um homicídio"[26]. Mais uma vez, me pareceu claro que o fato de militares serem réus do caso interferia naquela situação. O único modo legal de impedir o acesso a essa documentação seria se o juiz tivesse decretado segredo de justiça e ele não o fez. Assim, em janeiro de 2016, solicitei auxílio ao MPF, que pediu vista ao processo, o que permitiu a consulta à documentação.

A consulta ao processo permitiu descobrir que o procurador Fabio de Lucca Seghese foi o responsável pela instauração do procedimento de investigação criminal sobre o sequestro de Rubens Paiva, ainda em 23 de março de 2012. Para permitir a abertura do procedimento, Seghese fundamentou a ação na portaria 21, mas também ressaltou que, pela Constituição brasileira, é atribuição do MPF investigar e processar casos desse tipo. Isso também foi reiterado pela Corte Interamericana de Direitos Humanos na sentença do caso *Gomes Lund*, sobre os desaparecimentos no Araguaia. E, por fim, o procurador citou uma reportagem de Chico Otavio, publicada em 1º de maio de 2011, no jornal *O Globo*. No entanto, a matéria não abordava o desaparecimento de Rubens Paiva, mas sim informações até então desconhecidas que envolviam o paradeiro de Carlos Alberto Soares de Freitas, ex-dirigente da VAR-Palmares, após seu sequestro em 15 de fevereiro de 1971, mês seguinte à prisão de Paiva.

A edição de uma nota técnica que permitisse a atuação dos procuradores na área, a criação de um GT específico e subdividido em núcleos regionais respondendo à 2ª Câmara Criminal da Procuradoria Geral da República demonstra o esforço institucional de um setor do MPF para dar respaldo ao trabalho de apurar os crimes da ditadura. Até porque, como já mencionado, havia inclusive resistência interna a essa atuação.

Como primeiras providências no âmbito do inquérito, o procurador distribuiu ofícios com requisição de documentos ao Arquivo Nacional, ao Arquivo Público do Estado do Rio de Janeiro, ao Arquivo Municipal do Rio de Janeiro e ao Instituto de Estudos da Violência do Estado. Além disso, foi requisitada a Otavio Bravo, promotor da Justiça Militar da União no Rio de Janeiro, cópia do inquérito da PF e do IPM do Exército desenvolvido em 1986/1987 e arquivado pelo MPM. Bravo tinha aberto, a partir de fevereiro de 2011, uma série de investigações sobre desaparecidos também baseadas na sentença da CIDH[27]. Entre os desaparecidos que tiveram procedimentos abertos estão Rubens Paiva, Stuart Angel Jones, Carlos Alberto Soares de Freitas e Antonio Joaquim de Souza Machado. Mais tarde, porém, essas investigações foram arquivadas com o avanço do trabalho do MPF.

A investigação aberta pelo procurador Fabio de Lucca Seghese, em 2012, só foi concluída em maio de 2014, já sob a condução do procurador Sérgio Suiama. Portanto, o procedimento de investigação criminal ficou aberto ao longo de mais de dois anos antes da formulação da denúncia à Justiça Federal, e chama a atenção para alguns aspectos de análise que diferenciam esse processo dos anteriores. O que ficou estabelecido pelo Conselho Nacional do Ministério Público foi que as investigações devem durar 30 dias, a contar do recebimento das representações e pedidos de informação com prorrogação de outros 90, caso as diligências não tenham sido integralmente cumpridas. Desse modo, o procedimento foi mantido aberto ao longo desse período, com prorrogações comunicadas e autorizadas sempre pela 2CCR.

Os principais motivos para embasar os pedidos de extensão de prazo foram a falta de conclusão das diligências: as ações de requisição de informação ou tomadas de depoimentos. Por dificuldades técnicas, os pedidos de informação feitos pelo procurador Seghese ao Arquivo Nacional e ao Arquivo Público do Estado do Rio, sobre toda a documentação relativa a Rubens Paiva, demoraram mais de seis meses para serem atendidos. O volume de documentos era muito extenso e a maioria não estava digitalizada para a remessa. Além disso, segundo o MPF, a cópia do IPM de 1986/1987 foi produzida quase um ano depois do pedido formulado à instituição. Assim, quando toda a documentação terminou de ser reunida em 2014, o volume impressionou. Ao todo, somente a investigação do MPF reuniu 6.540 páginas ao longo de 18 apensos ou anexos, uma vez que o processo, em si, só se constitui efetivamente quando o juiz aceita a denúncia.

Os autos também mostraram que o caso trocou de responsável cinco vezes. Depois de Seghese, em agosto de 2012 o procurador Luiz Fernando Voss Chagas Lessa assumiu a coordenação do caso, até junho de 2013, quando foi promovido a outra instância de atuação. Em seguida, o procurador Antonio do Passo Cabral recebeu a investigação, mas, justificando a necessidade de promover uma melhor divisão de trabalhos no GT-JT, devolveu o caso para sorteio. O procurador Sérgio Suiama conduziu então o último ano de investigação até o oferecimento da denúncia, em parceria com o coordenador do GT-JT.

Suiama iniciou a atuação na área de Justiça de Transição no GT-JT de São Paulo, quando foram formuladas as primeiras tentativas de abertura de investigação, em um período anterior à sentença da CIDH. No primeiro semestre de 2013, ele foi transferido para o MPF do Rio de Janeiro. O procurador é responsável direto pelo acompanhamento de processos ligados a questões relativas ao meio ambiente e preservação do patrimônio histórico e cultural. No entanto, para atuar nas questões de direitos humanos, ele decidiu voluntariamente integrar o GT e acumular esse trabalho em suas atribuições. Isso significa, na prática, ter que conduzir as investigações criminais contra agentes da ditadura e, ao mesmo tempo, conduzir os processos atribuídos originalmente ao seu gabinete.

Em 2013, o coordenador do grupo no Rio de Janeiro já havia oferecido a primeira denúncia à Justiça Federal sobre o desaparecimento de Mario Alves, dirigente do PCBR. Suiama explicou que, ao se deparar com o extenso conjunto de casos, o grupo optou por dar preferência àqueles que possuíam o maior conjunto de provas:

> É diferente o nosso trabalho em relação ao da Comissão da Verdade ou outros órgãos, porque é um trabalho mais burocrático esse sentido de que a gente não distingue. Então a gente tem investigação de todos os casos do Rio de Janeiro. São Paulo também. [...] Os casos em si não são das pessoas mais famosas, são os que a gente vê que tem mais provas produzidas para embasar uma denúncia. Porque a gente não pode sair por aí, sem provas, acusando as pessoas de homicídio. Então todo o nosso trabalho tem isso de buscar provas, essa dificuldade toda de 40 anos depois, para entrar com as ações.

No Rio de Janeiro, Suiama entrou em contato com uma estratégia de investigação diferente da que estava sendo desenvolvida pelo MPF em São Paulo. O procurador Antonio do Passo Cabral estava convocando os militares para depor ainda durante a investigação, na tentativa de antecipar alguma mudança de comportamento e encontrar algum ex-integrante da repressão disposto a contar o que efetivamente sabia sobre os crimes cometidos na ditadura:

> Quem começou isso foi o Cabral. Eu acho que ele tem muitos méritos em relação a esse trabalho. O meu mérito foi ter começado isso em SP, ter feito as primeiras denúncias, mas eu acho que ele deu um passo muito importante quando começou a ouvir os militares. Também era um ou outro que falava. Quem falou um pouco mais foi o Raymundo Ronaldo Campos e o Avólio, além dos que já tinham falado no passado. Quando a gente começou (em SP), a gente queria colocar logo essas ações na rua e tinha medo de que se intimasse essas pessoas, eles poderiam vir com *habeas corpus* e trancar a investigação antes da denúncia, como aconteceu com o caso Raul Amaro. Os caras iam atuar e a gente não ia conseguir ter nenhuma ação penal. Então as primeiras ações foram muito assim, no sentido de começar a entrar no Judiciário.

No caso de Mario Alves, nenhum militar acrescentou dados novos. Apesar disso, na ação movida pela família contra a União, para o reconhecimento da responsabilidade do Estado pela morte da vítima, havia ao menos cinco depoimentos de testemunhas que presenciaram a tortura e o assassinato do dirigente do PCBR. Em 1987, a família venceu a causa e o Judiciário utilizou os depoimentos para reconhecer a responsabilidade da União. No entanto, na denúncia criminal de 2013, os relatos anteriores em juízo não foram suficientes para o juiz criminal, que simplesmente usou a Lei de Anistia para embasar a recusa da denúncia contra os militares.

Já a investigação sobre Raul Amaro foi paralisada em 2014, a pedido dos advogados de militares envolvidos no caso, antes mesmo que eles se tornassem réus ou fossem denunciados. O MPF realizou uma busca e apreensão de documentos no Hospital Central do Exército, local onde Raul Amaro morreu. Durante a busca, os procuradores constataram que a instituição estava ocultando documentos pedidos pelo MPF e também localizaram dossiês sobre os integrantes da Comissão Nacional da Verdade.

Apesar da negativa do Judiciário, o trabalho de investigação do procurador Cabral continuou. E, em dois casos, a estratégia de oitiva dos militares funcionou: na investigação dos responsáveis pelo atentado no Riocentro e no caso Rubens Paiva. O que permitiu esses avanços, no entanto, foi um trabalho inicial de pesquisa em toda a documentação disponível desde 1971. Passando justamente pela sindicância, depois pelo IPM 1986/1987 e o material compilado da imprensa ao longo desse período. Quando Suiama assumiu o caso, a maior parte da documentação já estava disponível e funcionou como ponto de partida:

> Eu li tudo, todo o material que tinha e fiz um relatório. O do Otávio Bravo, aquele que ele tinha obtido que é o inquérito de 1986. Tinha já aquela sindicância de 1971. Tinha o material do *habeas corpus*... E o Cabral tinha feito a oitiva da Marilene Corona Franco, e tinha feito a oitiva da esposa do Amílcar Lobo e acho que só. Logo em seguida, acho que o Fonteles divulgou aquele relatório dele e o Avólio procurou o Fonteles, aí o Fonteles contatou a gente. Fez a ponte. Aí a gente foi conversar primeiro com o Fonteles, que relatou que o Avólio se sentiu incomodado por ser citado naquela história toda e queria retificar ali e contar o que ele sabia. Ele mencionou o Leão. Então nós conversamos com o Fonteles e marcamos a oitiva do Avólio.

O episódio foi uma cooperação interna entre os procuradores e a Comissão Nacional da Verdade, por meio de Claudio Fonteles. A CNV também repassou a carta escrita pelo coronel Ronald Leão, que corrobora e acrescenta detalhes ao depoimento de Avólio, além da defesa entregue por escrito do general Belham e cópias das folhas de alteração do militar. A Comissão também atendeu ao pedido de acesso aos arquivos do coronel Júlio Molinas, obtidos no fim de 2012.

A situação de cooperação não se prolongou com a saída de Fonteles da CNV e ganhou contornos de rivalidade na época da divulgação do depoimento de Avólio, realizada pela Comissão em fevereiro de 2014, antes da denúncia do MPF chegar ao Judiciário. Essa colaboração inicial, porém, foi muito importante. Os relatos de Avólio e Leão entregues à CNV transformaram também o curso da investigação criminal do MPF.

Até aquele momento, o procurador Sérgio Suiama examinava novamente as linhas de investigação já percorridas entre 1971 e 1987, ao longo dos outros procedimentos. Logo em seu primeiro despacho nos autos, em 11 de julho de 2013, ele juntou os depoimentos gravados em vídeo, pelo próprio MPF, de Luiz Rodolfo Viveiros de Castro, filho de Cecília Viveiros de Castro, e de Marilene Corona Franco. Além disso, também já tinham sido gravadas oitivas com Eliana Paiva, filha de Rubens Paiva, também presa em 1971, e com Jason Tércio, biógrafo do ex-deputado. Suiama solicitou pesquisas com endereços e fotos de 10 militares, em sua maioria os que tinham sido ouvidos no IPM de 1986. A investigação do MPF foi tão extensa que percorreu a hipótese levantada de que Rubens Paiva tivesse sido levado para a Casa da Morte de Petrópolis, conforme denunciou Inês Etienne Romeu, presa durante 96 dias no cárcere clandestino do Exército, a partir dos relatos dos militares no local.

Com os detalhes repassados por Avólio e Leão, Suiama passou a requisitar mais documentos. O procurador demandou ao Exército cópias das folhas de alteração e das fichas de movimentação de 33 militares, incluindo nesse rol uma série de agentes que ainda não tinham sido investigados como vinculados ao caso, como o coronel Rubens Paim Sampaio.

Outro importante ponto de observação nessa documentação estava nas condecorações concedidas pelo Exército a militares ou mesmo civis que auxiliaram no combate aos grupos opositores à ditadura. Entre as premiações, a mais presente para "valorizar o combate" foi a medalha do pacificador, como analisaram as historiadoras Maud Chirio e Mariana Joffily. Portanto, as informações contidas nas folhas de alteração permitiriam saber com exatidão onde trabalhavam e quais atividades exerciam os militares apontados por envolvimento na morte de Rubens Paiva e, por esse motivo, se tornavam documentação essencial para o MPF. O Exército, no entanto, nunca entregou a documentação. A instituição cedeu apenas as fichas de movimentação que contêm somente as datas de chegada e saída dos quartéis onde os militares serviram.

O procurador, trabalhando em parceria com o coordenador do GT-JT, Antonio do Passo Cabral, buscou a identificação exata do agente citado no depoimento de Avólio como o militar que torturava Rubens Paiva. A iniciativa ocorreu antes mesmo de o coronel prestar depoimento oficial ao MPF:

> A gente já sabia que ele (Avólio) tinha essa coisa do Hughes [tenente Antônio Fernando Hughes de Carvalho] e já tinha se antecipado em buscar quem era. Aí o Cabral rapidamente conseguiu localizar. O Avólio não sabia o nome do Hughes. Ele falava "rug, rulk", alguma coisa assim. E a Comissão Nacional da Verdade tinha buscado o Hughes errado. Tinha um outro. Aí a gente conseguiu localizar o verdadeiro Hughes. Quem localizou foi o Cabral. Eles não tinham tido a ideia de olhar a medalha do pacificador. Aí a gente viu que ele recebeu. Bateu e a gente descobriu que ele já estava morto.

O tenente Antônio Fernando Hughes de Carvalho morreu em 2005.

A conclusão da investigação

Ao todo, foram tomados depoimentos de 27 pessoas, entre testemunhas e investigados, em seis cidades diferentes, somando 41 horas de registros em vídeo ou impressos. Desse grupo, o MPF conseguiu dez novos depoimentos de militares que não tinham sido ouvidos ou investigados durante o IPM de 1986/1987[28]. Em uma análise qualitativa do conteúdo dos depoimentos por meio de seus resultados para a efetivação da denúncia do MPF, foi possível perceber que as novas oitivas do coronel Armando Avólio Filho, do general Raymundo Ronaldo Campos, do coronel Rubens Paim Sampaio, a carta do coronel Ronald Leão (falecido) e até a defesa apresentada previamente pelo general José Antonio Nogueira Belham formaram um conjunto novo de dados que permitiram conhecer o grupo de militares responsáveis pela prisão e assassinato do ex-deputado.

Entre os novos depoimentos obtidos pelo MPF, estava o relato do coronel Rubens Paim Sampaio. Na carta escrita pelo coronel Leão, Sampaio foi descrito como o oficial que comandou a chegada de Rubens Paiva ao DOI-CODI, junto com o coronel Freddie Perdigão Pereira, já falecido:

> A chegada de Rubens Paiva (uma noite que não sei precisar a data) ocorreu sendo trazido pelo CIEX ao 1º BPE, entrando pelo

> portão dos fundos (CIEX), onde, pelo que me consta, permaneceu no quartel sendo ouvido pelo pessoal do DOI-CODI/CIEX. Ao tomar conhecimento do fato, da chegada de um preso à noite, procurei me certificar do que se trata, mas fui impedido pelo pessoal do CIEX (Major Sampaio e Capitão Perdigão), sob alegação de que era um preso importante, sob responsabilidade do CIEX/DOI-CODI. Alertei ao comando e fui para casa.

Em depoimento ao MPF, a informação foi negada por Sampaio. Ele admitiu, no entanto, que soube da morte por integrantes da unidade, e que o DOI-CODI tinha realizado um "teatro" para falsear o assassinato. Belham, por sua vez, resultou implicado por três pontos: os depoimentos de Avólio e Leão e sua própria defesa, que apresentou documentos comprovando que nos dias da prisão de Paiva ele interrompeu suas férias para prestar serviço. O general Raymundo Ronaldo Campos, enfim, também admitiu a farsa sobre a divulgação da versão do Exército à época e sua participação na fabricação da história.

O trabalho de dois anos resultou na denúncia contra o general José Antônio Nogueira Belham e o coronel Rubens Paim Sampaio por homicídio triplamente qualificado, ocultação de cadáver e associação criminosa armada – com penas que podem chegar a 37 anos e seis meses de prisão. Já o coronel reformado Raymundo Ronaldo Campos e os militares Jurandyr Ochsendorf e Souza e Jacy Ochsendorf e Souza foram acusados de ocultação de cadáver, fraude processual e associação criminosa armada – mais de dez anos de prisão, se fossem condenados.

À medida que as investigações do MPF no caso Rubens Paiva se encaminhavam para a conclusão, também a CNV entrava no último ano de trabalho. E, como citado, a Comissão decidiu iniciar uma série de audiências públicas, a partir de fevereiro de 2014. Além de Vera Paiva, o procurador Sérgio Suiama também pontuou o problema ocorrido à época da divulgação do relatório que continha o depoimento do coronel Avólio:

> Na iminência da gente apresentar a denúncia, a Comissão divulgou o relatório [o depoimento do Avólio como agente Y]. A gente falou para eles: "espera um pouco". Mas eles não quiseram esperar. Eles fizeram muito pior, porque eles divulgaram sem nem falar com

> a família. Desde o momento em que a gente soube, desde o papo com o Avólio e tudo, a gente foi procurar a família. Depois do depoimento do Avólio eu levei as fotografias, dei os telefones, combinei estratégias com eles. Foi tudo combinado. Isso muito tempo antes. Tanto é que você vê, a Vera veio nas nossas coisas (coletiva), mas não foi na divulgação da Comissão da Verdade.

Alguns desses embates também ocorreram entre a Comissão Nacional da Verdade e a Estadual, como visto anteriormente. Na visão do procurador Sérgio Suiama, a explicação para esses choques foi a diferença de objetivos e resultados:

> Acho que, basicamente, a explicação é que nossos objetivos eram diferentes. Nosso primeiro objetivo era concluir uma investigação. Não vamos ficar dando entrevista, nem divulgando nada. Porque isso só prejudica. Na Comissão da Verdade, como tinham um prazo muito curto de trabalho [para o relatório final] e eles precisavam fazer fatos políticos, qualquer bilhetinho que os caras encontravam era ali uma divulgação imensa. Então para nós era ruim.

Já um aspecto que auxiliou o avanço da investigação do MPF foi o trabalho investigativo da imprensa. Tanto a pesquisa nos jornais dos anos 1970 e 1980 foi anexada à denúncia quanto os novos dados que vieram à tona em março de 2014 nos jornais *O Globo* e *O Dia*. Nos 30 dias seguintes às entrevistas, o MPF trabalhou para ouvir as testemunhas citadas por Malhães nas reportagens, entre elas o coronel Rubens Paim Sampaio e o sargento Iracy Interaminense Correa.

Contudo, no dia 25 de abril, o sítio onde Malhães vivia sofreu um assalto e, após quase 10 horas de cárcere privado, ele foi assassinado. O crime contra o militar resultou em nova investida sobre o caso. Enquanto a Polícia Civil investigava, o MPF pediu uma busca e apreensão na propriedade para localizar documentos e provas possivelmente guardados por Malhães ao longo do tempo. Foram localizados alguns documentos importantes, como agendas que comprovavam as relações de intimidade que Malhães mantinha com a cúpula do Exército, além de uma coleção de reportagens sobre a morte de Rubens Paiva nos anos 1980 e uma série de documentos sobre a

Operação Gringo²⁹. Toda a documentação localizada também embasou a denúncia do MPF contra os assassinos de Rubens Paiva. Além disso, mais tarde permitiu avanços nas investigações na Argentina e a identificação de outros agentes envolvidos em torturas, assassinatos e desaparecimentos. Um deles é Gabriel Kesler, que agora está preso preventivamente e respondendo a processos pelos crimes na ditadura argentina.

A ação dos procuradores, em 2014, no entanto, foi cercada por outro momento de divergência com a CNV, que exigia acesso aos documentos encontrados na Casa do Malhães, imediatamente, conforme Suiama:

> Eles achavam que porque eles eram a Comissão da Verdade a gente tinha que dar imediatamente tudo o que eles queriam, entendeu? Eu expliquei: não, a gente não vai negar para vocês, a gente vai passar. Tanto é que a gente passou. Nisso a gente ficou até um pouco chateado porque no Relatório Final consta lá que o Ministério Público, nesse caso específico, se negou, ficou um negócio meio feio, sabe? Colocando a gente quase como se fosse um Exército. E não era nada disso. A gente falou: não, a gente vai ceder, só que nesse momento a gente está concluindo a investigação.

No Tomo I do relatório da CNV há uma descrição da condução dos trabalhos retratando, entre outras coisas, o relacionamento com os órgãos públicos. Após o detalhamento de acordos celebrados com algumas instituições, entre elas o MPF, a Comissão fez uma ressalva no documento sobre o episódio envolvendo a morte do coronel Malhães:

> Nesse contexto de cooperação, registre-se um único episódio no qual o MPF se recusou a atender solicitação da CNV, que almejava o acesso aos documentos e às informações obtidos na residência do militar reformado Paulo Malhães, em 28 de abril de 2014. Tais documentos foram objeto de um mandado de busca e apreensão dias após o assassinato do referido militar, que, no mês anterior, havia prestado importante depoimento à CNV, discorrendo sobre as graves violações de direitos humanos perpetradas na Casa da Morte, em Petrópolis (RJ), e sobre o desaparecimento e a ocultação de cadáver do ex-deputado federal Rubens Beyrodt Paiva, entre outros

assuntos. Valendo-se das atribuições que lhe foram legalmente conferidas, a CNV solicitou à Procuradoria da República no Rio de Janeiro, em 29 de abril de 2014, o acesso aos documentos obtidos na diligência. Em 20 de maio, o MPF atendeu parcialmente à solicitação, enviando à CNV alguns dos documentos apreendidos. Até a conclusão deste Relatório, apesar dos esclarecimentos prestados pela CNV e da reiteração do pedido, o conjunto dos documentos e informações não foi fornecido à Comissão.

Ao finalizar o trabalho de quase dois anos de investigação, os procuradores do MPF reuniram uma quantidade de informações sobre o caso Rubens Paiva que nenhuma outra iniciativa do Estado jamais havia feito. Era um antigo clamor de sua família, em especial da viúva Eunice Paiva, que as instituições responsáveis promovessem um trabalho intenso de apuração sobre o assassinato. Nessa época, Eunice já estava muito doente e impossibilitada de acompanhar o caso. Ela morreu em 13 de dezembro de 2018.

Apesar de todos os esforços dos promotores e dos integrantes da CNV, infelizmente não foi possível identificar com precisão o que ocorreu com os restos mortais de Rubens Paiva. O único avanço nesse sentido foi a confissão do coronel Malhães sobre a destruição do corpo do ex-deputado. Em meio à finalização das investigações do MPF e da CNV, a viúva do coronel, Cristina Batista Malhães, reiterou o depoimento dado pelo marido pouco antes de morrer. Segundo ele, os restos mortais de Rubens Paiva foram jogados em um rio. A informação, porém, não foi investigada pelo MPF e nem pela CNV, apesar da Comissão ter dito à época que iria apurar o relato.

Apesar da vitória na Justiça Federal, o depoimento do coronel Avólio como principal testemunha de acusação causou controvérsia entre ex-presos políticos, uma vez que ele negou ter participado do crime ou mesmo de qualquer tortura no período da repressão política. Logo após a divulgação do depoimento de Avólio pela CNV, o jornalista Cid Benjamin reagiu às informações dadas pelo militar que o isentavam de culpa, recordando em seu perfil no Facebook um texto publicado por ele, ainda em 1995, no jornal *O Globo* e que terminou por fazer com que Avólio fosse transferido para a reserva:

> Como muita gente reclamou que não conseguia compartilhar este texto, eu o posto de novo, seguindo os ensinamentos de Fernando

> Stern para que ele possa ser compartilhado. O jornal *O Globo* de hoje traz uma matéria sobre depoimento prestado pelo coronel Armando Avólio Filho ao Ministério Público Federal. Nele, Avólio acusa outros militares de terem torturado presos políticos, admite que presenciou torturas no DOI-CODI, mas afirma que ele próprio nunca torturou alguém. É mentira. Avólio me torturou em abril de 1970. E não só a mim. Dezenas de outros presos foram também torturados por ele. Em 1995, Avólio era adido militar brasileiro na Grã-Bretanha e foi denunciado pelo grupo Tortura Nunca Mais. Ele se dizia inocente. Na ocasião, eu trabalhava no *Globo* e me ofereci para redigir um artigo, na primeira pessoa, atestando que Avólio me torturara. A sugestão foi aceita e o texto foi publicado na edição de 26/5/95. Avólio foi, então, exonerado e passado para a reserva remunerada.

De acordo com o procurador Sérgio Suiama, o relato de Avólio sobre o caso Rubens Paiva foi detalhado e auxiliou a conclusão dos trabalhos. Também contou a seu favor os detalhes fornecidos na carta do coronel Leão e o silêncio mantido pelo conjunto dos investigados que não o acusaram de estar envolvido no interrogatório de Rubens Paiva.

Embora aqui tenham sido feitas algumas comparações entre o trabalho de apuração da CNV e do MPF em relação aos resultados e procedimentos no caso Rubens Paiva, é importante ressaltar também as diferenças significativas de atuação entre órgãos estatais permanentes e temporários. Ambos foram influenciados de alguma maneira, por exemplo, pela conjuntura política e pela dimensão do poder de ação. O MPF, por todas as suas atribuições estabelecidas na Constituição, possui uma atuação quase nada flexível quando comparada à da CNV. O objetivo de uma investigação criminal é apurar um possível delito e, quando o autor é identificado, o procurador precisa oferecer uma denúncia ao Judiciário. Para isso, porém, são necessárias "provas" do crime cometido.

Conforme já mencionado, a CNV tinha uma atribuição relacionada a dar espaço às vítimas e familiares, pessoas não ouvidas durante a ditadura militar. Não havia na norma que criou a CNV uma previsão de responsabilização legal para os autores de violações de direitos humanos. Nesse espaço é que foi permitido ao coronel Avólio, confortavelmente, procurar a Comissão de modo sigiloso para contar o que sabia sobre o desaparecimento de Rubens Paiva. A CNV, de outro lado, promoveu o que pode ser uma responsabilização simbólica com a lista de 377 perpetradores de violações de direitos humanos – iniciativa inédita como órgão de Estado. Apesar de não ter sido exposto publicamente, Avólio figura como o número 163 dessa listagem produzida pelo grupo.

A conclusão do trabalho da CNV e do MPF mostrou também a necessidade de um trabalho permanente. A despeito de todo o esforço já empreendido no MPF, não é razoável acreditar que uma dezena de procuradores do Grupo de Justiça de Transição em todo o país conseguirão sozinhos dar seguimento para diversas investigações. Se o trabalho não tem um caráter permanente estruturado, assim como surgiu, ele pode simplesmente deixar de existir em determinado momento, por qualquer razão e antes do esclarecimento de todos os crimes.

A finalização tanto da investigação do MPF como também do relatório da CNV no caso Rubens Paiva deixou evidente como os caminhos para as elucidações das execuções e desaparecimentos existem e estão dados a partir das documentações produzidas durante a própria ditadura civil-militar. É fundamental observar que, apesar dos rumores sobre a destruição total de documentos do período da ditadura, a investigação criminal e acadêmica ainda é possível nos acervos dos DOPS pelo país e no arquivo do SNI.

Além disso, nada seria possível sem a implementação da Lei de Acesso à Informação, a partir de 2012, que, enfim, permitiu a consulta pública desses documentos – outro passo importante dado após a sentença da Corte Interamericana de Direitos Humanos de 2010. Mesmo assim, vários passos ainda precisam ser dados para a efetiva implementação da Lei tanto no âmbito do Executivo federal como nos estados e municípios, uma vez que esse trâmite de pesquisa, sobretudo nos arquivos do Exército, ainda é difícil.

Capítulo 8

Crime sem castigo

Faltava pouco para as onze horas da manhã quando a psicóloga Vera Paiva entrou na pequena sala de audiências da 4ª Vara Federal Criminal do Rio de Janeiro. Era a manhã da sexta-feira, 27 de novembro de 2015. Acompanhada do marido e da advogada criminalista Carmen da Costa Barros, Vera aguardava ansiosa pelo início dos depoimentos do processo movido pelo assassinato de seu pai, o deputado federal Rubens Paiva. Pouco depois chegou o procurador da República, Sérgio Suiama.

Os três entraram e tomaram seus lugares. A advogada da família Paiva dirigiu-se à mesa, que ficava no meio da sala e de frente para a plateia. Ela então se sentou em uma cadeira do lado esquerdo. O lado direito foi destinado aos representantes dos réus. No centro, em meio aos dois, estava a poltrona destinada ao juiz, posicionada em uma altura superior aos advogados. Do lado esquerdo do magistrado ficava o escrivão e, à direita, a cadeira do representante do MPF. Vera Paiva, com celular em mãos, aguardou a audiência sentada na plateia. Optou por um assento no canto esquerdo da segunda fileira de cadeiras reservadas ao público, de frente para a mesa central. Ao todo, eram cinco filas e a primeira estava destinada aos réus.

Do lado de fora, no corredor de acesso à sala, os advogados dos militares preocupavam-se com o assédio da imprensa sobre seus clientes. Exigiram da juíza Margareth de Cássia Thomaz Rostey que não fosse permitida a gravação de imagens ou a tomada de fotografias. A magistrada concordou, mas permitiu que a imprensa assistisse à audiência. Para "contornar" a exposição pública dos réus, também foi autorizado aos militares entrar no prédio da Justiça Federal de carro. Ao restante dos cidadãos, foi exigido o trâmite regular: identificar-se na portaria, para realização de um cadastro com foto.

A Justiça Federal dispunha nesse dia de apenas dois funcionários para o serviço que leva de cinco a dez minutos. Somente depois disso fui autorizada a entrar no edifício. O mesmo ocorreu com os demais. Enquanto os depoimentos não se iniciavam, os militares também aguardaram em uma sala privativa, de onde foram chamados após a juíza dar início à audiência.

O tratamento singular dispensado aos militares foi apenas mais um quesito do sinuoso processo. A própria realização da audiência configurou-se em uma conquista com requintes heroicos do MPF. Após a vitória no Tribunal Regional Federal da 2ª Região, o ministro do Supremo Tribunal Federal Teori Zavascki decidiu parar o processo em caráter liminar no fim de setembro de 2014.

Naquela época, a ausência de resolução sobre a continuidade da ação penal fez com que o MPF pedisse ao STF autorização para ouvir em juízo as testemunhas do processo, uma vez que a maioria delas possuía idade avançada ou doenças crônicas. Inês Etienne Romeu morreu em abril de 2015, sem poder testemunhar no processo. Em nova batalha judicial, os procuradores obtiveram autorização para realizar as oitivas em juízo e foram intimadas doze testemunhas de acusação, entre as quais o coronel reformado Armando Avólio Filho e os ex-presos políticos Edson Medeiros e Marilene Corona Franco – as três testemunhas oculares do crime. A audiência foi inicialmente marcada para os dias 25 e 26 de novembro. No entanto, na véspera, o ministro Teori Zavascki concedeu nova liminar aos réus para limitar a sessão à oitiva de uma única testemunha, que se encontrava adoentada: Marilene Corona Franco.

Assim, após dois dias de embates sobre quem poderia prestar depoimento, iniciaram-se os trabalhos no dia 27. A juíza pediu que o escrivão abrisse a ata da audiência e mandou os advogados de defesa chamarem os réus, obrigados legalmente a comparecer. Em menos de um minuto, entraram enfileirados o general José Antonio Nogueira Belham e os capitães Jacy e Jurandyr Ochsendorf e Souza. Os outros dois réus, os coronéis Rubens Paim Sampaio e Raymundo Ronaldo Campos, não compareceram e justificaram a ausência por problemas de saúde. Os três oficiais entraram e se dirigiram aos bancos reservados aos réus. Essa foi a primeira vez, desde o fim da ditadura, que militares se sentaram como réus em uma vara criminal para responder por um processo de homicídio cometido durante a ditadura militar. Não durou muito.

Na sala, além de Vera Paiva, já aguardavam alguns jornalistas e integrantes do *Tortura Nunca Mais*. Um grupo de menos de 20 pessoas. A única ausência era Marilene Corona Franco, que também aguardava em uma sala reservada. Para depor, a ex-presa política exigiu que os réus deixassem a audiência. Marilene não queria rever seus algozes. Eram inúmeros os traumas da tortura a que foi submetida dentro do DOI-CODI em 1971. Anos depois, em 1986, ainda fora obrigada a comparecer ao Palácio Duque de Caxias para prestar esclarecimentos no IPM sobre o desaparecimento de Rubens Paiva. À época, o general Adriano Pinheiro da Silva não permitiu que ela estivesse acompanhada de um advogado. A juíza assentiu imediatamente e os réus deixaram a sala com a condição de aguardar a conclusão da oitiva sem deixar o prédio.

Assim, na primeira vez perante a Justiça Comum desde sua prisão, a ex-presa política denunciou a violência sofrida por ela, Cecília Viveiros de Castro e Rubens Paiva. Sentada ao lado da advogada da família Paiva, Marilene discorreu os detalhes de cada momento vivido desde que retornou do Chile, em janeiro de 1971, quando foi detida por agentes da repressão. Demonstrando nervosismo, ela falava sem desviar os olhos da juíza ou do procurador. Não omitiu as minúcias mais constrangedoras sobre o interrogatório com choques elétricos em seus seios ou os gritos que ouviu do homem que não conhecia, mas depois ficou sabendo que era Rubens Paiva.

Marilene só direcionou o olhar para o advogado dos militares, Rodrigo Roca, quando chegou a vez da defesa fazer perguntas. E como se ignorasse o perigo aos opositores da ditadura em 1971, o defensor dos militares questionou: "Por qual razão a senhora trouxe então as cartas fixadas na sua cintura em vez de trazer na bagagem normalmente?" Marilene respirou fundo: "Eu vou explicar ao senhor". E, falando apressadamente, contou que, desde que a irmã e o cunhado foram se exilar no Chile, a correspondência que os dois mandavam à família era violada e os telefones de sua casa no Brasil estavam grampeados.

Roca não se estendeu mais. O depoimento durou uma hora e doze minutos. Os réus foram chamados pela juíza para retornar à sala de audiências para a assinatura da ata. Em um clima mais relaxado, os três entraram conversando e demonstrando intimidade, com direito a tapinhas nas costas um do outro. Após a assinatura, a juíza Margareth de Cássia Thomaz Rostey declarou a sessão encerrada.

O ministro Teori Zavascki morreu em janeiro de 2017 sem pautar o julgamento de mérito do caso. Depois disso, o recurso ficou parado por muito tempo no gabinete do ministro Dias Toffoli e agora está sob a relatoria do ministro Alexandre de Moraes, justo quem ocupou a vaga de Zavascki. A demora em processar os acusados deixa consequências e impunidade. Dos cinco militares denunciados pelo MPF em 2014, três morreram. Ainda estão vivos – quando termino de escrever este texto, em dezembro de 2024 – o capitão Jacy Ochsendorf e Souza e o general reformado José Antônio Nogueira Belham, ex-comandante do DOI. Só os dois ainda recebem dos cofres públicos, todos os meses, um total de R$ 59,4 mil por mês da União por suas aposentadorias. Além disso, o Estado paga outros R$ 80,7 mil em pensões a oito familiares dos demais réus que já morreram. Ao todo, eles recebem, mensalmente, R$ 140,2 mil.

Belham é um capítulo à parte. Em 2019, ao investigar um esquema de corrupção e lavagem de dinheiro no antigo gabinete de Jair Bolsonaro na Câmara dos Deputados, descobri, junto com a jornalista Juliana Castro, que o ex-presidente da República nomeou, ao longo do ano de 2003, como assessora parlamentar, Maria de Fátima Campos Belham, a mulher do general. Na ocasião em que o general foi convocado para depor pela Comissão Nacional da Verdade, em 2014, Bolsonaro chegou a sair em sua defesa e declarou para o jornal *Folha de S. Paulo*: "O apelo que faço é para que o general possa falar o que ele bem entender e não fique preso só ao Rubens Paiva".

Um episódio que demonstra como os militares que atuaram na ditadura mantêm sua influência em setores políticos e das Forças Armadas até agora. Um dos últimos atos de Bolsonaro na Presidência da República foi extinguir a Comissão Especial de Mortos e Desaparecidos, sem que os trabalhos de localização de todos os 210 desaparecidos tenham sido concluídos.

A comissão só foi recriada pelo presidente Lula em agosto de 2024. Um movimento que ocorreu após muitas críticas e pressões da sociedade civil, em especial dos familiares das vítimas. Uma situação que demonstra a tradição da política brasileira em não enfrentar o que restou da ditadura. Essa dificuldade está presente no Poder Executivo mesmo após a Polícia Federal demonstrar claramente que os militares planejaram um golpe de estado após a derrota de Jair Bolsonaro em outubro de 2022.

Mas apesar da resistência, entre os caminhos ainda existentes para a responsabilização dos torturadores, está o processo contra os acusados pela morte de Rubens Paiva. No Chile ocorreu processo semelhante. Após a Justiça chilena considerar extinta a pena dos acusados do desaparecimento do professor e político Luis Alfredo Almonacid Arellano, em 1973, devido à Lei de Anistia daquele país, familiares e integrantes de movimentos de direitos humanos levaram o caso à CIDH em 2005. No ano seguinte, a Corte condenou o Chile por violar normas internacionais de direitos humanos, e em 2013 os responsáveis que ainda estavam vivos foram condenados pelo crime após julgamento pela Corte Suprema Nacional do Chile.

O caso chileno também é mencionado na sentença da Corte Interamericana de Direitos Humanos que condenou o Brasil em 2010. Ao lembrar a caracterização dos crimes de lesa-humanidade, a Corte diz que "Almonacid referiu-se a um único atentado, mais difícil portanto de classificar como crime de lesa-humanidade, e mesmo assim esta Corte estabeleceu o precedente memorável". Em dezembro de 2024, o ministro Flávio Dino reconheceu em um processo sobre crimes cometidos durante a chamada "Guerrilha do Araguaia" a imprescritibilidade do crime de ocultação de cadáver, a necessidade da discussão da aplicação de Lei de Anistia para os "crimes permanentes" e ainda a necessidade de aplicação da repercussão geral da matéria, o que pode levar o entendimento para todas as vítimas com casos semelhantes. Na decisão, Dino ainda citou o caso de Rubens Paiva por meio do filme *Ainda estou aqui*, de Walter Salles, que conta a história do desaparecimento do ex-deputado e da luta de Eunice Paiva por justiça.

O caso simboliza uma nova oportunidade dada ao Brasil para enfrentar as consequências da ditadura militar e criar políticas de não repetição de violações de direitos humanos. Deixar de anistiar crimes contra a humanidade poderia, enfim, dar sentido ao discurso do deputado federal Ulysses Guimarães na promulgação da Constituição de 1988: "A sociedade foi Rubens Paiva, não os facínoras que o mataram". Até porque, na única vez em que sentaram no banco dos réus, os acusados pelo assassinato deixaram o prédio da Justiça Federal sem sequer alegar inocência ou contestar as acusações.

Anexos

Anexo 1: Cópia Pedido de Busca 10/15/AC/77
(Arquivo Nacional. Fundo SNI)

CONFIDENCIAL

ACE Nº 3481/83

SERVIÇO NACIONAL DE INFORMAÇÕES

AGÊNCIA CENTRAL

PEDIDO DE BUSCA Nº 10/15/AC/77

DATA   : 20 de janeiro de 1977
ASSUNTO   : ATUALIZAÇÃO DAS ATIVIDADES DE ELEMENTOS ATINGI-
               DOS PELOS ATOS INSTITUCIONAIS 1, 2 e 5.
REFERÊNCIA   : A - Atos Institucionais nºs 1, 2 e 5
               B - Telex nº 043/15/AC/75, de 13 Mar
DIFUSÃO   : ABE - ABH - ACG - ACT - AFZ - AMA - APA - ARE -
               ARJ - ASP - ASV - NAGO.
ANEXO   : A - Dois (2) Manuais de "Controle de Atividades
               de elementos que tiveram seus Direitos Polí
               ticos suspensos pelos AI-1, 2 e 5.
               B - TELEX Nº 043/15/AC/75, de 13 Mar

1. DADOS CONHECIDOS

    a. Esta AC consolidou as informações enviadas pelas ARs, resultantes de solicitação constante no Telex da referência B, elaborando os Manuais anexados em A.

    b. O Exmo Sr Presidente da República determinou que os referidos Manuais fossem, periodicamente, aperfeiçoados e atualizados a fim de bem cumprirem com a finalidade a que se destinam.

2. DADOS SOLICITADOS

    a. Tendo em vista o exposto, esta AC solicita às ARs, que:

CONFIDENCIAL

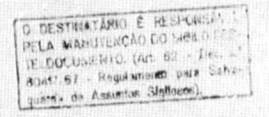

Anexo 1: Cópia Pedido de Busca 10/15/AC/77
(Arquivo Nacional. Fundo SNI)

CONFIDENCIAL

ACE Nº 3481/83

(Continuação do PEDIDO DE BUSCA Nº 10/15/AC/77..........fls 02)

  1) Enviem, anualmente, até o dia 30 de março, a partir do corrente ano, as atualizações - novos fatos - sobre as atividades dos elementos atinjidos pelos Atos Institucionais citados na referência A, e que atuam nas respectivas áreas de sua jurisdição.

  2) Sejam apontadas incorreções que por ventura existam no trabalho em pauta, assim como, apresentação de sugestões que possam melhorá-lo.

  b. Outros dados julgados úteis.

    *   *   *

CONFIDENCIAL

Anexo 1: Cópia Pedido de Busca 10/15/AC/77
(Arquivo Nacional. Fundo SNI)

ACE Nº 3481/83 Fls. - 113 - 120

- São desconhecidas suas atividades político-administrativa, atuais.

RUBENS BEIRODT DE PAIVA
SDP - DOU - 10.04.64
- Falecido.

RUBENS PINHO TEIXEIRA
LÍDER SINDICAL/RJ
SDP - DOU - 10.04.64
- São desconhecidas suas atividades político-administrativas, atuais.
- Recuperou os direitos políticos em 10.04.74.

RUY RODRIGUES DA SILVA
PADRE
SDP - DOU - 01.06.64
- São desconhecidas suas atividades político-administrativa, atuais.
- Recuperou os direitos políticos em 01.06.74.

Anexo 2: Cópia da Carta de Eunice Paiva no processo do CDDPH (Arquivo Nacional. Fundo SNI: Ofício AC_ACE_15330_001)

015330

ANEXO - "B"

EXCELENTÍSSIMOS SENHORES PRESIDENTE E DEMAIS MEMBROS DO CONSELHO
DE DEFESA DOS DIREITOS DA PESSOA HUMANA.

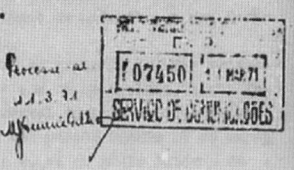

    Esta carta é endereçada a Vossas Excelências por uma mulher que viu sua casa invadida por homens, de armas à mão, dizendo-se agentes da segurança, para levar presos, sem apresentação de mandado judicial ou determinação de qualquer autoridade policial militar, de início, seu marido; engenheiro Rubens Beyrodt/ Paiva, em seguida, no dia imediato, ela própria e sua filha Eliana, adolescente, aos 15 anos de idade, deixados à sua sorte, no lar, os demais filhos menores.

    É, pois, a um tempo, a carta da mãe, que conheceu a surpresa enorme, melhor diria a indignação, mantida no mais íntimo de si mesma, de assistir a prisão de uma filha, adiante encapuçada, como, igualmente ela própria, para posteriormente, já, aí, não mais em sua presença, ser submetida aos traumas psicológicos, terrivelmente brutais em sua idade, dos interrogatórios procedidos segundo os chamados métodos policial-militares; da mulher brasileira, ela mesma vítima da prisão violenta,incomunicável durante 12 dias, interrogada horas sem fim, e isolada do mundo, em condições de ambiente físico e humano que é melhor não referir, para, quem sabe!,ter a graça, um dia, de esquecer; da esposa, enfim, que ainda hoje, nada sabe da sorte do seu marido,/ do destino que lhe impuzeram, do local onde se encontra, da acusação real que lhe fazem, quase um mês decorrido do tormento que/ atingiu sua família.

    Tudo isso começou a 20 de janeiro, dia de São Sebastião, por volta das 12 horas, quando Rubens com as crianças, voltavam da praia e nos encontrávamos em casa, à Av. Delfim Moreira, 80, no Leblon.

Anexo 2: Cópia da Carta de Eunice Paiva no processo do CDDPH (Arquivo Nacional. Fundo SNI: Ofício AC_ACE_15330_001)

015330   81

Rubens preso nesse dia, minha filha e eu no dia seguinte. Ela na libertada no dia posterior e eu própria a 2 de fevereiro último.

Estivemos todos no quartel da Polícia do Exército, à rua Barão de Mesquita, nesta cidade do Rio de Janeiro.

Nesse quartel, mostraram-me o livro de registro de seus prisioneiros, onde, em uma de suas folhas, pude ver, com os meus olhos, minha fotografia a de Eliana e a de Rubens. Nesse quartel, durante os interrogatórios a que me submeteram, informaram-me que meu marido também lá se encontrava. Ao deixá-lo, quando libertada, no dia 2, vi no pátio interno do quartel, nosso automóvel, o que Rubens preso conduzira pessoalmente, acompanhado dos agentes de segurança. Identificado por mim, foi-me dito por um dos oficiais, que o automóvel se encontrava, de logo, a minha disposição. Não me sendo possível dirigí-lo naquele instante, minha cunhada, Renée Paiva Guimarães, por mim autorizada, foi buscá-lo, posteriormente - tendo passado então o recibo cuja cópia junto, para conhecimento de Vossas Excelências.

Ao sair da prisão, soube que minha mãe, como o fizera para mim, levara (ao 2º andar do) Ministério da Guerra roupas destinadas a Rubens. Elas foram inicialmente recebidas; dias depois, entretanto, recusadas, - sob a alegação de que Rubens não se encontrava em nenhuma organização militar submetida ao Comando do Primeiro Exército. Alegação que passava a coincidir com as informações oficialmente prestadas ao Superior Tribunal Militar nos processos de Habeas Corpus impetrados em meu favor e no de Rubens, por nosso advogado, Dr. Lino Machado Filho. Lamentável e surpreendentemente, nessas informações se afirmou que nem Rubens, nem eu própria, houveramos estado presos em unidades da área do Primeiro Exército.

Tomei conhecimento da versão, que me inquieta dia e noite, veiculada através de notícia distribuida aos jornais e divulgada pela televisão no dia 22 de janeiro, insinuando que meu marido teria sido objeto de uma operação de resgate efetuada por grupos de terroristas. Versão cuja inverossimilhança é absoluta e que tem todo o feitio de uma farsa impiedosa. Notícias transmitidas com o nome de Rubens Seixas, outras com o de Rubens Paiva; terceiras, ainda, omitindo o nome, e fazendo apenas, alusão a prisioneiro político de importância, ex-deputado federal por São - Paulo, cassado em 1964.

Não posso e não quero admitir que, em meu País, se faça desaparecer, assim, por tanto tempo, uma pessoa humana.

Anexo 2: Cópia da Carta de Eunice Paiva no processo do CDDPH
(Arquivo Nacional. Fundo SNI: Ofício AC_ACE_15330_001)

015330   81

    Rubens é um homem de bem, pai de família exemplar, engenheiro competente, cidadão probo e honrado, empresário responsável e capaz. Não é imodestia afirmá-lo. Os que o conhecem, proclamam-no. Deputado federal, por São Paulo, teve seus direitos políticos suspensos/em 1964. Não viu contra si, no entanto, instaurar-se nenhum inquérito policial militar ou processo penal. Não lhe foi feita, jamais, - acusação de nenhuma natureza. De que hoje o acusam? Sua mulher e seus filhos têm o direito de sabê-lo. Que fizeram de Rubens? Onde está e para onde o conduziram? Porque não cumpriram as leis que vigoram? Reivindico para meu marido o direito de ser preso segundo as regras mesmas da legislação penal de segurança. Para que se defenda; para que seja libertado.

    Onde estão, afinal, os compromissos do País assumidos, solenemente, em suas constituições, desde o alvorecer da República, e no âmbito internacional, como nação cristã e civilizada, através da adesão as Declarações Universais dos Direitos do Homem da ONU e da OEA? Como admitir a insegurança terrível dos sequestros ou raptos, tornados oficiais?

    Apelo para Vossas Excelências, membros desse eminente Conselho, institucionalmente organizado para a defesa dos direitos da pessoa humana. Apelo, para que se venha permitir a Rubens o exercício do direito de defesa, que é irrecusável, identificados o local onde se encontra, a autoridade que o mantém preso, definido o delito que lhe imputam, preservada, enfim, sua integridade física e espiritual, vale dizer, sua vida.

    Apresento a Vossas Excelências as expressões do meu maior respeito.

Maria Eunice Paiva

Anexo 3: Cópia da Carta de Eliana Paiva no processo do CDDPH (Arquivo Nacional. Fundo SNI: Ofício AC_ACE_15330_001)

SENHOR DEPUTADO

SOU FILHA de RUBENS PAIVA e MARIA EUNICE PAIVA, TENHO 15 ANOS. MEU PAI, COMO O SENHOR FOI DEPUTADO FEDERAL EM BRASÍLIA MAS FOI CASSADO EM 64, ÉPOCA DA REVOLUÇÃO. EU ERA MENOR E NÃO FIZ A CRÍTICA DO QUE ACONTECIA. DEPOIS DISSO RETORNEI EU E MINHA FAMÍLIA A VIDA NORMAL.

SOUBE DA COMISSÃO DOS DIREITOS HUMANOS E, COMO AGORA COM 15 ANOS JÁ POSSO ME REVOLTAR DIANTE DE INJUSTIÇAS ACHO QUE LHE POSSO PEDIR AJUDA NO SEGUINTE:

NA QUARTA-FEIRA, DIA 20, MEU PAI FOI LEVADO DE CASA PRESO, SEM O MENOR RESPEITO PELA INTEGRIDADE DE MINHA CASA E DE MINHA FAMÍLIA; EU ESTAVA EM FÉRIAS COMO QUALQUER OUTRA GAROTA

Anexo 3: Cópia da Carta de Eliana Paiva no processo do CDDPH (Arquivo Nacional. Fundo SNI: Ofício AC_ACE_15330_001)

Minha mãe, meus irmãos e eu estivemos numa espécie de prisão domiciliar durante 24 horas depois da prisão de meu pai. Vi a angústia de mamãe e agora minha, sem compreender o que acontecia assim como os meus irmãos menores. Durante estas horas amigos foram me visitar e consequentemente foram presos sem a menor explicação.

Fui depois levada junto de minha mãe a prisão, já passei a noite numa dela. Com tudo isso não sou mais a mesma garota, como também sou vista de uma maneira diferente pelos amigos.

Fui solta no dia seguinte, não vi mais mamãe nem soube de meu pai. A razão e o porquê de tudo isso eu ignoro totalmente. A confiança.

Anexo 3: Cópia da Carta de Eliana Paiva no processo do CDDPH (Arquivo Nacional. Fundo SNI: Ofício AC_ACE_15330_001)

> na liberdade e na pessoa humana que eu sempre tive eu estou perdendo.
> Não sei onde estão meus pais, e os quero de volta para mim e para meus irmãos
> Minha avó não pôde localizar meus pais para entregar a roupa que necessitam.
> Peço ao senhor que faça tudo que lhe for possível para encontrá-los.
>
> Eliana Paiva
>
> Rio, 27 de Janeiro de 1971
> Av. Delfim Moreira
> Nº 80 Leblon
> Rio de Janeiro
> GB

Anexo 4: Monitoramento do SNI sobre a investigação
(Arquivo Nacional. Fundo SNI: Ofício AC_ACE_58477_86)

019667 -5 SET 86

SERVIÇO NACIONAL DE INFORMAÇÕES
GABINETE DO MINISTRO

CONFIDENCIAL

DESTINATÁRIO: AC

Documento: TELEX.
Assunto: INQUÉRITO POLICIAL INSTAURADO PARA APURAR O DESAPARECIMENTO DO EX-DEPUTADO RUBENS PAIVA.
Origem: DPF (5425/09/86).

DIFUSÃO:
- [ ] PR
- [X] GTC
- [ ] GMPR
- [ ] GCPR
- [ ] SG/CSN
- [X] GAB
- [X] AC
- [ ] EsNI
- [ ] SAD
- [ ] SCI
- [ ] DCOM
- [ ] CEPESC

- [ ] Acompanhar
- [ ] Agradecer
- [ ] Aprofundar
- [ ] Arquivar
- [X] Conhecer
- [ ] Em restituição
- [ ] Emitir opinião
- [ ] Esclarecer
- [ ] Falar-me
- [X] Informar
- [X] Possível aproveitamento
- [ ] Processar
- [ ] Providenciar
- [ ] Registrar
- [ ] Responder

Despacho do Ministro-Chefe do SNI:

Assinatura _____

Outros Despachos:

3.9.86 Assinatura _____

CONFIDENCIAL

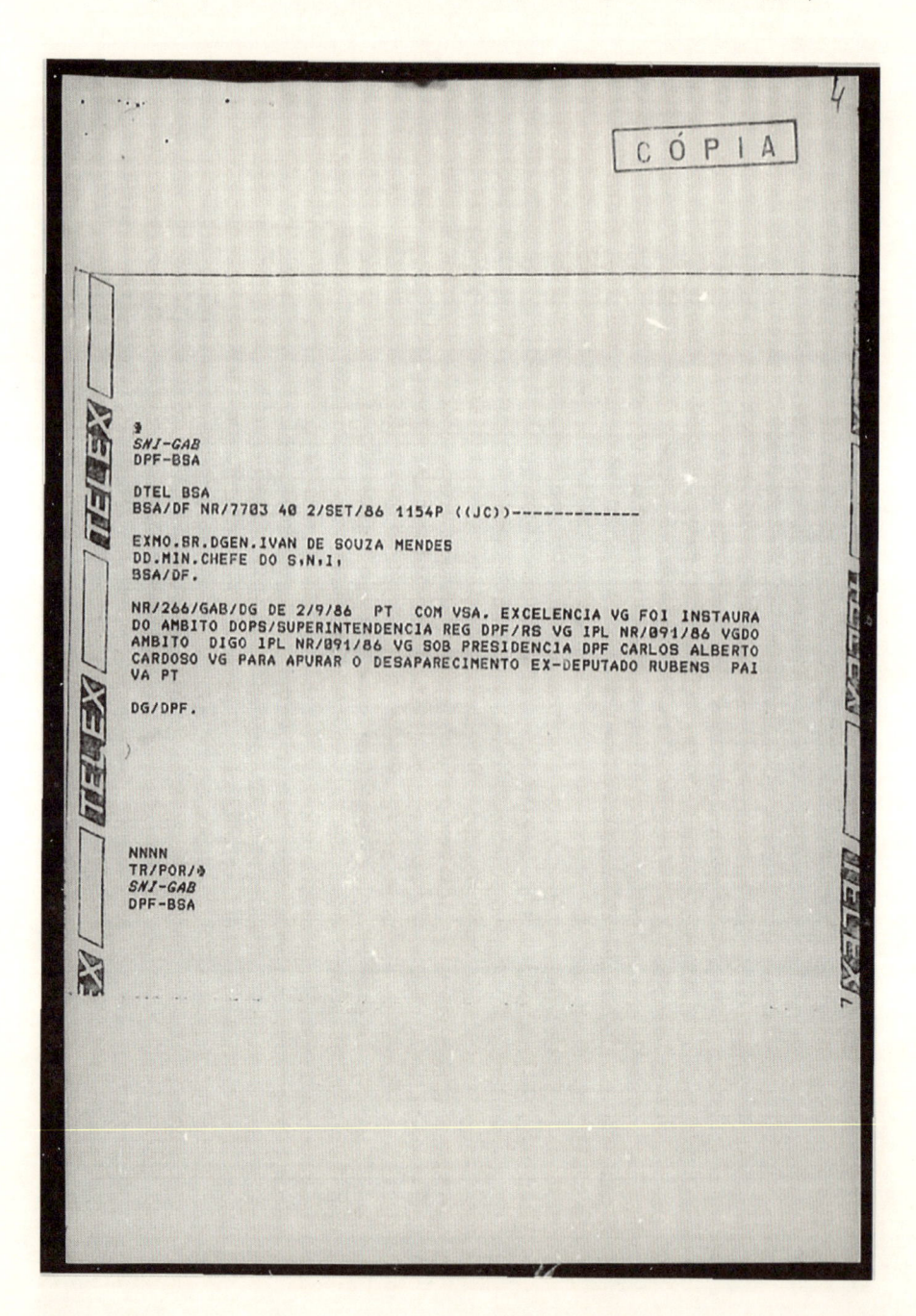

Anexo 4: Monitoramento do SNI sobre a investigação (Arquivo Nacional. Fundo SNI: Ofício AC_ACE_58477_86)

```
SNI-GAB
DPF-BSA

DTEL BSA
BSA/DF NR/7703 40 2/SET/86 1154P ((JC))-------------

EXMO.SR.DGEN.IVAN DE SOUZA MENDES
DD.MIN.CHEFE DO S.N.I.
BSA/DF.

NR/266/GAB/DG DE 2/9/86   PT  COM VSA. EXCELENCIA VG FOI INSTAURA
DO AMBITO DOPS/SUPERINTENDENCIA REG DPF/RS VG IPL NR/891/86 VGDO
AMBITO  DIGO IPL NR/891/86 VG SOB PRESIDENCIA DPF CARLOS ALBERTO
CARDOSO VG PARA APURAR O DESAPARECIMENTO EX-DEPUTADO RUBENS  PAI
VA PT

DG/DPF.




NNNN
TR/POR/
SNI-GAB
DPF-BSA
```

Anexo 4: Monitoramento do SNI sobre a investigação
(Arquivo Nacional. Fundo SNI: Ofício AC_ACE_58720/86)

CONFIDENCIAL
FICHA DE TRAMITAÇÃO DE DOCUMENTOS - FTD

1986

- **Registro de Entrada - NRE:** 020920 — 19 SET 86
- **Tramitação:** ☐ Normal ☐ Urgente
- **GTC:**
- **Ass / Tít.:**
- **Caracterização do documento:** TERMO DE DECLARAÇÕES PRESTADO POR AMILCAR LOBO MOREIRA DA SILVA - RIO DE JANEIRO/RJ
- **Ref.:**
- **An:** FOTOCÓPIA DO TERMO.
- **Doc. / Ident.:** INFE 1334-CI/DPF, de 16 SET 86.

DISTRIBUIÇÃO INICIAL
- Original: DPT-1
- Responsável Distribuição: SE-621
- Observações:

ENCAMINHAMENTOS
DV-12

Nº	Data	De	Para	Despacho
01	19.09	DPT-1	DV-12	PQR. Vistos ao DPT-4, em ant...
02	23.09	DV-12	122	providenciar, após...
03	23/9	DV-12	DPT-4	Conhecimento, com retorno.
04	24.09	DPT-4	DV-41	
05	25.09.86	DV-41	DPT-1	Ciente. Restituo - v.rs.
06	25/9	DV-12	DV-62	Implantar

Providências Adotadas
Use o verso da folha para registro das providências
CONFIDENCIAL

Anexo 4: Monitoramento do SNI sobre a investigação
(Arquivo Nacional. Fundo SNI: Ofício AC_ACE_58720/86)

CONFIDENCIAL

MINISTÉRIO DA JUSTIÇA
DEPARTAMENTO DE POLÍCIA FEDERAL
CENTRO DE INFORMAÇÕES

INFORME Nº 1334/01/I/86-CI/DPF

DATA	: 16 SET 86.
ASSUNTO	: TERMO DE DECLARAÇÕES PRESTADO POR AMILCAR LOBO MOREIRA DA SILVA - RIO DE JANEIRO/RJ.
REFERÊNCIA	: -
ORIGEM	: CI/DPF.
AVALIAÇÃO	: A-1.
ÁREA	: -
DIFUSÃO ANTERIOR	:
DIFUSÃO	: AC/SNI - CIE - CISA - CIM.
ANEXOS	: Fotocópia do Termo de Declarações (04 fls.).

1. No dia 08 Set 86, AMILCAR LOBO MOREIRA DA SILVA, ex Tenente Médico do EXÉRCITO, prestou Termo de Declarações na DELEGACIA DE ORDEM POLÍTICA E SOCIAL da SUPERINTENDÊNCIA REGIONAL DO DEPARTAMENTO DE POLÍCIA FEDERAL no RIO DE JANEIRO (DOPS/SR/DPF/RJ).

2. O declarante afirmou que ao examinar um paciente, em Jan 71, no 1º BATALHÃO da POLÍCIA DO EXÉRCITO (1º BPE), este disse ser RUBENS PAIVA.

162/168

CONFIDENCIAL

Anexo 5: Eunice perseguida pela ditadura em 1979
(Arquivo Nacional. Fundo SNI: Ofício ACT_ACE_143_79)

CONFIDENCIAL

SERVIÇO NACIONAL DE INFORMAÇÕES
Agência Curitiba

INFORMAÇÃO N.º 0183/116/ACT/79

DATA : 12 de junho de 1979
ASSUNTO : PALESTRA DE EUNICE PAIVA NO ANIVERSÁRIO DO CLADH.
ORIGEM :
REFERÊNCIA :
DIF. ANTERIOR :
DIFUSÃO : AC/SNI
ANEXO :

ACT/SNI
000143   15 JUN. 79
A.C.E.

1. EUNICE PAIVA, esposa do ex-deputado federal pelo PTB, RUBENS PAIVA, desaparecido em 1971, proferiu palestra em LONDRINA/PR, no dia 13 MAI 79, por ocasião do 1º aniversário do Comitê Londrinense Pela Anistia e Direitos Humanos (CLADH), à qual compareceram aproximadamente 150 (cento e cincoenta) pessoas, entre as quais vários elementos pertencentes ao Movimento Estudantil de LONDRINA/PR.

2. O evento, realizado na Secretaria de Educação e Cultura do Município, foi promovido pelo CLADH e contou com o apoio da Cooperativa dos Jornalistas do Paraná (COOP-JORNAL), Associação dos Docentes do Hospital Universitário, Associação dos Professores Licenciados do Paraná -APLP-, núcleo de Londrina, Diretório Central de Estudantes de Londrina -DCE/LIVRE e Diretório Municipal do Movimento Democrático Brasileiro.

3. Durante sua palestra EUNICE PAIVA relembrou os acontecimentos ocorridos em 1971 e que culminaram com o desaparecimento de seu marido. Segundo ela, de repente sua casa foi invadida por seis agentes que se diziam da Aeronáutica, e pediram que RUBENS os acompanhasse para algumas perguntas. Ele se despediu da família e saiu para nunca mais voltar. EUNICE declarou que várias hipóteses foram levantadas sobre o desaparecimento do

Continua...fl-02

CONFIDENCIAL

Anexo 5: Eunice perseguida pela ditadura em 1979
(Arquivo Nacional. Fundo SNI: Ofício ACT_ACE_143_79)

CONFIDENCIAL

CONTINUAÇÃO DA INFORMAÇÃO N.° 0183 /116/ACT/79   f1-02.

seu marido, como o seu sequestro por terroristas ou que ela teria sido vítima da Operação Pára-Sar, porém nem uma delas ficou confirmada.

4. Explicando o contato que teve na época com ALFREDO BUZAID, então Ministro da Justiça, EUNICE PAIVA declarou que conseguiu falar com ele um mês depois da prisão de RUBENS PAIVA. BUZAID informou que RUBENS estava machucado, mas vivo, no 1º Exército. "Me disse também -contou EUNICE- que para ele sair de lá era uma questão de tempo, faltava cumprir certas formalidades". Explicou EUNICE que depois de presidir três reuniões do Conselho de Defesa dos Direitos Humanos -onde o caso foi tratado- BUZAID afirmou que na verdade RUBENS PAIVA havia fugido e negou que tivesse se avistado com ela.

5. EUNICE PAIVA não se mostrou disposta a acionar o governo para apurar responsabilidades sobre o caso afirmando: "Acho que o máximo que poderia conseguir era outra justificativa sobre como RUBENS fugiu - e caso encerrado".

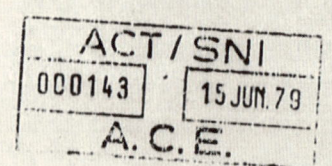

ACT/SNI
000143   15 JUN. 79
A.C.E.

CONFIDENCIAL

Notas

1. A trajetória do deputado é recomposta na biografia escrita por Jason Tércio (2013).
2. Entrevista de Eunice Paiva a Jason Tércio e cedida na íntegra pelo autor para esta pesquisa.
3. Gaspari (2014) cita as polêmicas versões do Exército para os casos de Chael Schreier (preso e morto após supostamente ter se ferido em combate, na versão dos militares), Roberto Cieto (falso suicídio durante a prisão) e Mário Alves (preso sozinho na rua, mas reconhecido dentro da Polícia do Exército do Rio de Janeiro por outros prisioneiros).
4. MAGALHÃES, Mario. Papéis da ditadura somem dos arquivos. *Folha de S. Paulo*, São Paulo, 4 de fev. 2007.
5. A 2ª Seção é o setor que trabalha com inteligência em cada uma das unidades das Forças Armadas. Ver http://www.2de.eb.mil.br/estado-maior.html.
6. Na edição de sábado, dia 23 de janeiro de 1971, os jornais *O Globo* e *O Jornal* noticiaram a versão do Exército.
7. Ofício AC_ACE_CNF_3746/79, Fundo SNI, Arquivo Nacional.
8. Ibidem p.16, 17.
9. Ibidem p.17.
10. Arquivo Nacional, Fundo SNI: Ofício AC_ACE_15330_001, p. 4.
11. Arquivo Nacional, Fundo SNI: Ofício AC_ACE_15330_001,p. 20.
12. Sérgio Ribeiro Miranda de Carvalho, o Capitão Sérgio Macaco, era um integrante da Força Aérea Brasileira (FAB), pertencente ao esquadrão paraquedista de resgate Para-Sar. Em 1968, ele se recusou a cumprir ordens do brigadeiro João Paulo Moreira Burnier, que tinha um plano para explodir o gasômetro do Rio de Janeiro, dinamitar uma represa e jogar 40 líderes políticos no oceano para depois colocar a culpa nos movimentos de esquerda. Por conta de sua denúncia, Sérgio foi cassado pelo Ato Institucional nº 5, em 1969. Ver: *Memórias da Ditadura* – Sérgio Carvalho, disponível em: http://memoriasdaditadura.org.br/biografias-da-resistencia/sergio-carvalho/. Acesso em 20 jul. 2016.
13. Mulher de desaparecido pede investigação. *Jornal do Brasil*, Rio de Janeiro, 17 jul. 1979.
14. No depoimento, Inês disse: "Segundo ainda o dr. Pepe, o ex-deputado Rubens Paiva teve o mesmo fim [executado], embora não fosse intenção do grupo matá-lo. Só queriam que ele confessasse, mas no decorrer das torturas Rubens Paiva morreu. A morte do ex-deputado foi considerada pelo Dr. Pepe 'uma mancada'". Ver Depoimento de Inês Etienne Romeu, disponível em http://www.epsjv.fiocruz.br/upload/doc/DEPOIMENTO_INES.pdf. Acesso em 20 jul. 2016.
15. BAPTISTA, Martha. *Entrevista de Martha Baptista a Juliana Dal Piva*. [S.l: s.n.], 11 ago. 2015.
16. Os nomes citados por Lobo na entrevista foram: comandante da BPE, coronel Ney Fernandes Antunes, capitão Leão, tenente Armando Avólio Filho, capitão João Gomes Carneiro, agente civil Luis Timóteo de Lima, e o coronel Francisco Homem de Carvalho, que substitui o coronel Ney Fernandes Antunes no comando do BPE.

17 Não localizei cópias do IPM aberto após a saída da PF do caso, mas isso não significa que não foram realizadas, uma vez que o acervo do SNI ficou indisponível para consulta pública até 2012 e o SNI deixou de existir somente em 1990, no governo Collor. O SNI foi extinto por meio da medida provisória nº 150, de 1990. Ver: http://www.planalto.gov.br/ccivil_03/mpv/1990-1995/150.htm. Acesso em 20 jul. 2016.

18 Procedimento Investigatório Criminal do MPM nº 01-67.2011.1101, Acervo Comissão da Verdade do Rio de Janeiro, p. 110.

19 Segundo familiares, os restos mortais de Dênis Antônio Casemiro, Dimas Casemiro, Flávio Carvalho Molina, Francisco José de Oliveira, Frederico Eduardo Mayr e Grenaldo de Jesus da Silva foram sepultados na Vala de Perus.

20 Além do contato com os militares, foram ouvidos durante a pesquisa o juiz auditor, Oswaldo Lima Rodrigues Junior, o procurador militar Paulo César de Siqueira Castro, o médico e ex-preso político Edson Medeiros e o chefe do JB à época, Walter Fontoura.

21 A Comissão tinha prazo inicial de entrega do relatório em maio de 2014, mas a presidente Dilma Rousseff autorizou um pedido de extensão da entrega para dezembro do mesmo ano. Ver *Diário Oficial* de 20 de dezembro de 2013, disponível em http://pesquisa.in.gov.br/imprensa/jsp/visualiza/index.jsp?jornal=1&pagina=4&data=26/12/2013. Acesso em 20 jul. 2016.

22 O endereço de uma pessoa é considerado informação pessoal e, portanto, sigiloso. Em alguns momentos, devido ao interesse público na questão, nós, jornalistas, pedimos auxílio a informações sigilosas para localizar pessoas na busca de entrevistas. Para isso, contamos com fontes das quais preservamos sua identificação. Isso deve ser a exceção e não a regra, uma vez que muitas vezes existem outras maneiras.

23 MAGALHÃES, Mario. *Coronel Paulo Malhães, torturador da ditadura, foi assassinado, diz Ustra*. Blog do Mario Magalhães. [S.l: s.n.]. Disponível em: <http://blogdomariomagalhaes.blogosfera.uol.com.br/2014/04/25/coronel-paulo-malhaes-torturador-da-ditadura-foi-assassinado-diz-ustra/>. Acesso em 18 jul. 2016.

24 A CNV apontou 210 desaparecidos e 224 mortos oficiais.

25 Antônio Joaquim de Souza Machado, Carlos Alberto Soares de Freitas e Aluízio Palhano Pedreira Ferreira jamais foram vistos por outros presos políticos no DOI-CODI do Rio. Inês Etienne Romeu, única sobrevivente da Casa da Morte de Petrópolis ouviu de seus carcereiros informações de que os três estiveram no mesmo cárcere da serra. Já Marilena Villas Boas Pinto e Mário de Souza Prata foram presos e assassinados por militares da Brigada Paraquedista. Há documentos que mostram o registro da morte de Mário na Vila Militar, em Realengo, e não no DOI-CODI.

26 Pelo Art. 210 do Código de Processo Penal, o juiz pode, por exemplo, tomar medidas como decretar sigilo para preservar a vítima, mas, em quase um ano de tramitação do processo, os magistrados responsáveis jamais fizeram alguma medida nesse sentido.

27 O procedimento aberto por Otavio Bravo permitiu a localização do IPM de 1987. Como ele foi arquivado, ele foi posteriormente enviado tanto ao MPF quanto à CEV-Rio. A CEV-Rio me concedeu uma cópia.

28 Rubens Paim Sampaio, José Brant Teixeira, Lucio Valle Barroso, Félix Freire Dias, José Antonio Nogueira Belham, Sergio Augusto Ferreira Krau, Iracy Pedro Interaminense Correa e Pirama de Oliveira Magalhães. A lista possui ainda o policial militar Riscala Corbage e o coronel Paulo Malhães, que teve o áudio do depoimento da CNV anexado.

29 Esse foi o nome dado a uma operação secreta do CIE que demonstrou colaboração de inteligência com ditaduras de outros países, reforçando as pesquisas sobre a chamada Operação Condor.

Fontes utilizadas na pesquisa

Arquivo Nacional. Fundo SNI: Ofício AC_ACE_CNF_3746/79.

Arquivo Nacional. Fundo SNI: Ofício ARJ_ACE_446/71.

Arquivo Nacional. Fundo SNI: Ofício AC_ACE_15330_001.

Arquivo Nacional. Fundo SNI: Ofício AC_ACE_15330_002.

Arquivo Nacional. Fundo SNI: Ofício AC_ACE_58477_86.

Arquivo Nacional. Fundo SNI: Ofício AC_ACE_58720/86.

Arquivo Nacional. Fundo SNI: Ofício AC_ACE_58478/86.

Arquivo Nacional. Fundo SNI: Ofício AC_ACE_58801/86_2.

Arquivo Nacional. Fundo SNI: Ofício AC_ACE_13761/86_002.

BRASIL, MINISTÉRIO PÚBLICO FEDERAL. Procedimento Investigatório Criminal n° 1.30.011.001040/2011-16.

CORTE INTERAMERICANA DE DIREITOS HUMANOS. Caso Gomes Lund e Outros ("Guerrilha do Araguaia") vs Brasil - Sentença (Exceções Preliminares, Mérito, Reparações e Custas), 24 nov. 2010.

Procedimento Investigatório Criminal do MPM n° 1-67.2011.1101, Acervo Comissão da Verdade do Rio de Janeiro.

Sentença 307/2003 da 1ª Vara Federal da Seção Judiciária do Distrito Federal.

SUPERIOR TRIBUNAL DE JUSTIÇA. Recurso Especial n° 873.371 - DF (2006/0161788-4), 26 jun. 2007. Disponível em: <http://pfdc.pgr.mpf.mp.br/temas-de-atuacao/direito-a-memoria-e-a-verdade/casos-judiciais/Acordao_RESP873371.pdf>. Acesso em 25 jul. 2016.

BRASIL. Comissão Nacional da Verdade. Relatório final, volume I. Disponível em: <http://www.cnv.gov.br/images/relatorio_final/Relatorio_Final_CNV_Parte_1.pdf>. Acesso em 1º ago. 2016.

Entrevistas realizadas para a pesquisa

AULER, Marcelo. *Entrevista de Marcelo Auler a Juliana Dal Piva*. [S.l: s.n.], 7 abr. 2016.

BAPTISTA, Martha. *Entrevista de Martha Baptista a Juliana Dal Piva*. [S.l: s.n.], 11 ago. 2015.

BARROS, Carmen da Costa. *Entrevista de Carmen da Costa Barros a Juliana Dal Piva*. [S.l: s.n.], 21 jan. 2016.

CONCESI, Alexandre. *Entrevista de Alexandre ConCesi a Juliana Dal Piva*. [S.l: s.n.], 21 jan. 2016.

FONTELES, Claudio. *Entrevista de Claudio Fonteles a Juliana Dal Piva*. [S.l: s.n.], 24 ago.

GALVÃO, Liége. *Entrevista de Liége Galvão a Juliana Dal Piva*. [S.l: s.n.], 8 abr. 2016.

LAGO, Antonio; DAL PIVA, Juliana. *Entrevista de Antonio Henrique Lago a Juliana Dal Piva*. [S.l: s.n.], 19 jun. 2015.

OTAVIO, Chico. *Entrevista de Chico Otavio a Juliana Dal Piva*. [S.l: s.n.], 4 jun. 2016.

PAIVA, Vera. *Entrevista de Vera Paiva a Juliana Dal Piva*. [S.l: s.n.], 27 nov. 2015.

SUIAMA, Sérgio. *Entrevista de Sérgio Suiama a Juliana Dal Piva*. [S.l: s.n.], 13 jan. 2016.

Entrevistas pesquisadas

Depoimento de Armando Avólio. [S.l: s.n.]. Disponível em: <http://www.prrj.mpf.mp.br/institucional/crimes-da-ditadura/atuacao-1/caso-rubens-paiva-integra-dos-audios-dos-depoimentos>, [S.d.]

Depoimento de Fritz Utzeri a Carla Siqueira para o Centro de Cultura e Memória do Jornalismo. [S.l: s.n.]. Disponível em: <http://www.ccmj.org.br/sites/default/files/pdf/5/Arquivo%20para%20download_33.pdf>. Acesso em: 20 jul. 2016, 2008.

Depoimento de Raymundo Ronaldo Campos. [S.l: s.n.]. Disponível em: <http://www.prrj.mpf.mp.br/institucional/crimes-da-ditadura/atuacao-1/caso-rubens-paiva-integra-dos-audios-dos-depoimentos/depoimento-de-raymundo-ronaldo-campos/view>. Acesso em 7 nov. 2016, 2013.

FONTOURA, Walter. *Entrevista de Walter Fontoura ao jornalista Marcelo Auler*. [S.l: s.n.], 13 nov. 2013.

PAIVA, Eunice. *Entrevista de Eunice Paiva a Jason Tércio*. [S.l: s.n.], 2007.

PAIVA, Vera. Projeto Marcas da Memória. *Entrevista de Vera Paiva ao projeto Marcas da Memória*. [S.l: s.n.], 2012.

Artigos de jornal e revista

AARÃO REIS, Daniel. A ditadura cronológica. *Folha de S. Paulo*, São Paulo, 26 mar. 2014.

ALBUQUERQUE, Severino. Ex-soldado decide falar sobre tortura e presos políticos. *Folha de S. Paulo*, 19 set. 1986.

ARRUDA, Roldão. Familiares cobram de Dilma "nova" Comissão. *Estado de S. Paulo*, 25 jun. 2013.

AULER, Marcelo. O silêncio torturante. *Carta Capital*, São Paulo, 3 mar. 2013.

BAPTISTA, Martha. A memória do porão. *Veja*, n. 939, p. 44–47, setembro de 1986.

BARROS, João Antonio. Os Homens de Ouro nos Anos de Chumbo. *O Dia*, Rio de Janeiro, 2001.

BENJAMIN, Cid. *Nota publicada no perfil de Cid Benjamin. Facebook.* [S.l: s.n.]. Disponível em: <https://www.facebook.com/cid.benjamin/posts/10152264731474228>. Acesso em 20 jul. 2016, 27 fev. 2014.

BONIN, Robson. *Popularidade de Lula bate recorde e chega a 87%, diz Ibope.* Portal de Notícias. Disponível em: <http://g1.globo.com/politica/noticia/2010/12/popularidade-de-lula-bate-recorde-e-chega-87-diz-ibope.html>. Acesso em 18 jul. 2016.

BRAGA, Isabel; CAMAROTTI, Gerson; MALTCHIK, Roberto. Dilma cedeu para aprovar Comissão da Verdade. *O Globo*, Rio de Janeiro, 22 set. 2011.

BRASIL, Comissão Nacional da Verdade. *Claudio Fonteles divulga 11 textos sobre a repressão para consulta da sociedade.* Disponível em: <http://www.cnv.gov.br/outros-destaques/135-claudio-fonteles-divulga-11-textos-sobre-a-repressao-para-consulta-da-sociedade.html>. Acesso em 18 jul. 2016a.

BRASIL, Comissão Nacional da Verdade. *CNV aponta autores de tortura e morte de Rubens Paiva: A Comissão Nacional da Verdade apresentou no Arquivo Nacional, no Rio de Janeiro, relatório parcial sobre o caso do deputado Rubens Paiva, preso, torturado, morto e desaparecido em janeiro de 1971.* Arquivo Nacional: [s.n.]. Disponível em: <CNV aponta autores de tortura e morte de Rubens Paiva>. Acesso em 20 jul. 2016b.

BRASIL, Comissão Nacional da Verdade. *Na ação, Comissão Vladimir Herzog pretendia que a CNV não divulgasse seu relatório sem considerar pesquisa da comissão da Câmara dos Vereadores sobre o caso.* Disponível em: <http://www.cnv.gov.br/m/outros-destaques/564-caso-jk-justica-federal-extingue-acao-movida-pela-comissao-da-verdade-de-sao-paulo-contra-a-cnv.html>. Acesso em 25 jul. 2016c.

BRASIL, Comissão Nacional da Verdade. *Rubens Paiva foi morto no DOI-CODI/RJ, diz Fonteles.* Disponível em: <http://www.cnv.gov.br/outros-destaques/201-rubens-paiva-foi-morto-no-doi-codi-rj-diz-fonteles.html>. Acesso em 18 jul. 2016d.

BRASIL, Comissão Nacional da Verdade. *Sobrevivente da Casa da Morte de Petrópolis reconhece seis agentes da repressão.* Disponível em: <http://www.cnv.gov.br/outros-destaques/456-sobrevivente-da-casa-da-morte-de-petropolis-reconhece-seis-agentes-da-repressao.html>. Acesso em 11 jul. 2016e.

BRASIL, MINISTÉRIO PÚBLICO FEDERAL. *Caso Rubens Paiva: TRF2 determina prosseguimento da ação penal*. Disponível em: <http://www.prrj.mpf.mp.br/frontpage/noticias/caso-rubens-paiva-trf2-determina-prosseguimento-da-acao-penal>. Acesso em 11 jul. 2016a.

BRASIL, MINISTÉRIO PÚBLICO FEDERAL. *MPF denuncia cinco militares por crimes contra a humanidade no caso Rubens Paiva*. Disponível em: <http://noticias.pgr.mpf.mp.br/noticias/noticias-do-site/copy_of_criminal/mpf-rj-denuncia-cinco-militares-por-crimes-contra-a-humanidade-no-caso-rubens-paiva>. Acesso em 11 jul. 2016b.

BRASIL, MINISTÉRIO PÚBLICO FEDERAL. *MPF e PF realizam busca de documentos de vítimas da ditadura no Hospital Central do Exército*. Disponível em: <http://www.prrj.mpf.mp.br/frontpage/noticias/mpf-e-pf-realizam-busca-de-documentos-de-vitimas-da-ditadura-no-hospital-central-do-exercito>. Acesso em 2 ago. 2016c.

BRASIL, MINISTÉRIO PÚBLICO FEDERAL. *PRR2: MPF cobra julgamento de acusados de torturar Mário Alves*. Disponível em: <http://noticias.pgr.mpf.mp.br/noticias/noticias-do-site/copy_of_criminal/prr2-mpf-cobra-julgamento-de-acusados-de-torturar-mario-alves>. Acesso em 18 jul. 2016d.

BRASIL, SUPREMO TRIBUNAL FEDERAL. *STF é contra revisão da Lei de Anistia por sete votos a dois*. Disponível em: <http://www.stf.jus.br/portal/cms/verNoticiaDetalhe.asp?idConteudo=125515>. Acesso em 11 jul. 2016.

Comissão quer investigar o desaparecimento de Rubens Paiva e outros presos políticos. Miriam Leitão - Especial. [S.l.]: GloboNews. Disponível em: <http://g1.globo.com/globo-news/miriam-leitao-especial/videos/v/comissao-quer-investigar-o-desaparecimento-de-rubens-paiva-e-outros-presos-politicos/1838082/>. Acesso em 18 jul. 2016, 1º mar. 2012.

Congresso Nacional pela anistia termina com carta de princípios. *O Globo*, Rio de Janeiro, 6 nov. 1978.

Conselho dos DH se reúne hoje sem o MDB. *Jornal do Brasil*, Rio de Janeiro, 9 mai. 1979.

Conselho dos direitos declara encerrado o caso Rubens Paiva. *Jornal do Brasil*, Rio de Janeiro, 6 dez. 1979.

Corte Suprema dictó sentencia por crimen de profesor Almonacid. Disponível em: <http://www.cooperativa.cl/noticias/pais/dd-hh/corte-suprema-dicto-sentencia-por-crimen-de-profesor-almonacid/2013-07-31/114601.html>. Acesso em 18 jul. 2016.

COSTA, Bernardo. Coronel Paulo Malhães foi agredido e asfixiado antes de morrer. *Jornal Extra*, Rio de Janeiro, 1º jul. 2014.

DAL PIVA, Juliana. Computador de Malhães teve disco rígido roubado. *O Dia*, 1º mai. 2014. Disponível em: <http://odia.ig.com.br/noticia/rio-de-janeiro/2014-05-01/computador-de-malhaes-teve-disco-rigido-roubado.html>. Acesso em 11 jul. 2016.

_____. Coronel revela como sumiu Rubens Paiva. *O Dia*, Rio de Janeiro, 20 mar. 2014b.

_____. Corpo de Rubens Paiva foi jogado em rio, diz viúva. *O Dia*, Rio de Janeiro, 5 mai. 2014c. Disponível em: <http://odia.ig.com.br/noticia/rio-de-janeiro/2014-05-06/corpo-de-rubens-paiva-foi-jogado-em-rio-diz-viuva.html>. Acesso em 18 jul. 2016.

_____. Justiça barra investigação de primeiro caso de tortura no HCE. *O Dia*, Rio de Janeiro, 8 dez. 2014d. Disponível em: <http://odia.ig.com.br/noticia/brasil/2014-12-08/justica-barra-investigacao-de-primeiro-caso-de-tortura-no-hce.html>. Acesso em 18 jul. 2016.

_____. Malhães foi rendido com suas armas. *O Dia*, Rio de Janeiro, 28 de abril de 2014e. Disponível em: <http://odia.ig.com.br/noticia/rio-de-janeiro/2014-04-28/paulo-malhaes-foi-rendido-com-suas-armas.html>. Acesso em 11 jul. 2016.

_____. Reaberto processo sobre a morte de Rubens Paiva. *O Dia*, Rio de Janeiro, 11 set. 2014.

_____. Comissão da Verdade divulga nomes de assassinos de Rubens Paiva. O Dia. Rio de Janeiro, 27 fev. 2014.

_____. Checando a História: ditadura reconheceu a morte de Rubens Paiva em 1977. *Lupa*, Rio de Janeiro, 31 mar. 2016.

Documentos sobre a morte de Rubens Paiva chegam à Justiça para reexame. *Jornal do Brasil*, Brasília, 24 mai. 1986.

EBOLI, Evandro. Projeto de lei que cria Comissão da Verdade ficou parado na Câmara. *O Globo*, Rio de Janeiro, 1° abr. 2011.

ETCHICHURY, Carlos. É como se o meu pai se materializasse. *Zero Hora*, Porto Alegre, 22 nov. 2012.

Eunice Paiva garante que Figueiredo sabe quem sumiu com seu marido. *Jornal do Brasil*, Rio de Janeiro, 12 ago. 1979.

Familiares de perseguidos pela ditadura pedem mudanças na Comissão da Verdade. *O Globo*, Rio de Janeiro, 15 jul. 2013.

Figueiredo vai à feira livre e compara preços. *Jornal do Brasil*, Rio de Janeiro, 10 ago. 1979.

LIMA, Wilson. *"Querem impor uma meia verdade", dizem militares sobre Comissão da Verdade*. Portal de Notícias.

LOURENÇO, Iolando. *Câmara aprova criação da Comissão da Verdade*. Portal de Notícias. Disponível em <http://memoria.ebc.com.br/agenciabrasil/noticia/2011-09-21/camara-aprova-criacao-da-comissao-da-verdade>. Acesso em 18 jul. 2016.

MACEDO, Fausto. Morre coronel Ustra, ex-chefe de órgão de repressão da ditadura. *O Estado de S. Paulo*, São Paulo, 15 out. 2015.

MAGALHÃES, Mario. Papéis da ditadura somem dos arquivos. *Folha de S. Paulo*, São Paulo, 4 fev. 2007.

_____. Coronel Paulo Malhães, torturador da ditadura, foi assassinado, diz Ustra. *Blog do Mario Magalhães*. [S.l: s.n.]. Disponível em: <http://blogdomariomagalhaes.blogosfera.uol.com.br/2014/04/25/coronel-paulo-malhaes-torturador-da-ditadura-foi-assassinado-diz-ustra/>. Acesso em 18 jul. 2016.

MARTINS, Rodrigo. Especialistas criticam foco excessivo da CNV em casos já sabidos. *Carta Capital*, 12 dez. 2014. Disponível em: <http://www.cartacapital.com.br/sociedade/especialistas-criticam-foco-excessivo-da-cnv-em-casos-ja-sabidos-1125.html>. Acesso em 18 jul. 2016.

Médico confessa pressões para votar caso Rubens Paiva. *Jornal do Brasil*, Rio de Janeiro, 23 out. 1978.

Militar desmente versão oficial para o desaparecimento de Rubens Paiva. Jornal Nacional. [S.l.]: Globo. Disponível em: <http://g1.globo.com/jornal-nacional/noticia/2014/02/militar-desmente-versao-oficial-para-o-desaparecimento-de-rubens-paiva.html>. Acesso em 18 jul. 2016.

Ministro da Justiça manda reabrir caso Rubens Paiva. *Jornal do Brasil*, Rio de Janeiro, 27 jul. 1979.

MONDIN, Thamíris. Suzana Lisboa relembra anos de repressão no Brasil. *Correio do Povo*, Porto Alegre, 1° abr. 2014. Disponível em: <http://www2.correiodopovo.com.br/Noticias/522179/Suzana-Lisboa-relembra-anos-de-repressao-no-Brasil>. Acesso em 18 jul. 2016.

MPF recorre de decisão da Justiça que não reconhece umbanda e candomblé como religiões. *O Globo*, 18 jun. 2014. Disponível em: <http://oglobo.globo.com/sociedade/mpf-recorre-de-decisao-da-justica-que-nao-reconhece-umbanda-candomble-como-religioes-12507234>. Acesso em 25 jul. 2016.

Mulher de desaparecido pede investigação. *Jornal do Brasil*, Rio de Janeiro, 17 jul. 1979.

Mulher de Rubens Paiva elogia Petrônio e espera uma solução. *Jornal do Brasil*, Rio de Janeiro, 29 jul. 1979.

NOSSA, Leonencio. Ustra vincula Dilma a "terrorismo" e diz que apenas "cumpriu ordens" do Exército. *O Estado de S. Paulo*, São Paulo, 11 mai. 2013.

OTAVIO, Chico. Caso Stuart: coronel admite envolvimento da Aeronáutica na prisão de militante. *O Globo,* Rio de Janeiro, 6 set. 2014a. Disponível em: <http://oglobo.globo.com/brasil/caso-stuart-coronel-admite-envolvimento-da-aeronautica-na-prisao-de-militante-12769407.>. Acesso em 25 jul. 2016.

_____. Documento guardado por militar seria depoimento de comandante da VAR, dado após Beto sumir no Rio. *O Globo*, Rio de Janeiro, 30 abr. 2011. Disponível em: <http://oglobo.globo.com/politica/documento-guardado-por-militar-seria-depoimento-de-comandante-da-var-dado-apos-beto-sumir-no-rio-2789808>. Acesso em 18 jul. 2016.

_____. MP vai denunciar 4 militares por morte de Rubens Paiva. *O Globo*, Rio de Janeiro, 16 mar. 2014b.

_____. Vítimas da Casa da Morte foram jogadas dentro de rio, diz coronel. *O Globo*, Rio de Janeiro, 21 mar. 2014.

_____. Militar dá nome de oficial que teria torturado Rubens Paiva. *O Globo*. Rio de Janeiro, 27 fev. 2014.

PAIVA, Marcelo Rubens. Nós não esquecemos. *Veja*, São Paulo, 10 mai. 1995, p. 106–107.

QUINALHA, Renan; TELES, Edson. O trabalho de Sísifo da Comissão Nacional da Verdade. *Revista Le Monde Diplomatique Brasil*. São Paulo, 2 set. 2013.

Recurso para um cassado. *Estado de S. Paulo*, Rio de Janeiro, 26 jan. 1971.

REMIGIO, Marcelo; OTAVIO, Chico; DAL PIVA, Juliana. Torturador conta rotina da Casa da Morte. *O Globo*, Rio de Janeiro, 23 jun. 2012.

RIO DE JANEIRO (ESTADO), Comissão da Verdade do Rio. *Comissão da Verdade do Rio divulga na* íntegra depoimento *do coronel Malhães*. Disponível em: <http://www.cev-rio.org.br/noticias/2014/05/comissao-da-verdade-do-rio-divulga-na-integra-depoimento-do-coronel-malhaes>. Acesso em 18 jul. 2016.

ROMANELLI, Cristina. *A hora da verdade*. Disponível em: <http://www.revistadehistoria.com.br/secao/artigos-revista/a-hora-da-verdade>. Acesso em 18 jul. 2016.

ROMEU, Lucia. O cordeiro era o doutor Lobo. *Istoé*, São Paulo, 1981.

Sarney pede elucidação do caso Rubens Paiva. *Jornal do Brasil*, Rio de Janeiro, 11 abr. 1986.

SOUZA, Carlos Alberto De. Dirigente mundial da Anistia critica FHC. *Folha de S. Paulo*, Porto Alegre, 12 abr. 1995.

STALL, Bella. Polícia procura ossada de Rubens Paiva. *Jornal do Brasil*, 5 fev. 1987.

STM converte em diligência habeas corpus a favor de ex-deputado Rubens Paiva. *Jornal do Brasil*, Rio de Janeiro, 6 mai. 1971.

STM julga habeas corpus de ex-deputado. *Jornal do Brasil*, Rio de Janeiro, 26 jan. 1971.

STM suspende julgamento de habeas corpus para ex-deputado. *O Globo*, Rio de Janeiro, 6 mai. 1971.

Terror levou Rubens Paiva, diz o Exército. *O Estado de S. Paulo*, 19 jun. 1971.

Terror resgatou preso em operação-comando. *Tribuna da Imprensa*, Rio de Janeiro, 25 jan. 1971.

Torturas. *Veja*, 10 dez. 1969. Capa, p. 20–27.

UTZERI, Fritz; DIAS, Heraldo. Quem matou Rubens Paiva? *Jornal do Brasil*, Rio de Janeiro, 22 out.1978.

Viúva de Rubens Paiva acha que governo confessou culpa ao arquivar caso de marido. *Jornal do Brasil*, Rio de Janeiro, 7 dez. 1979.

Referências bibliográficas

ABRÃO, Paulo; GENRO, Tarso. Justiça de Transição. In: AVRITZER, LEONARDO et al. (Org.). *Dimensões políticas da Justiça*. Rio de Janeiro: Civilização Brasileira, 2013.

AQUINO, Maria Aparecida De. *Censura, Imprensa, Estado Autoritário (1968-1979): o exercício cotidiano da dominação e resistência - O Estado de São Paulo e Movimento*. Bauru, São Paulo: EDUSC, 1999.

ARQUIDIOCESE DE SÃO PAULO. *Brasil: Nunca Mais*. São Paulo: Vozes, 1985.

BRANCO LUIZ, Edson Medeiros; BARBOSA, Leonardo Figueiredo. O Conselho de Defesa dos Direitos da Pessoa Humana durante os governos Médici e Geisel e as eleições do Conselho Federal da OAB de 1977. In: XIX ENCONTRO NACIONAL DO CONSELHO NACIONAL DE PESQUISA E PÓS-GRADUAÇÃO EM DIREITO, 2010, Fortaleza. Anais... Fortaleza: Fundação Boiteux, 2010. p. 6077–6084.

BRASIL, Comissão Especial sobre Mortos e Desaparecidos Políticos. *Direito à memória e à verdade*. 1. ed. Brasília: Secretaria de Direitos Humanos, [S.d.].

BRASIL, MINISTÉRIO PÚBLICO FEDERAL. *Grupo de Trabalho Justiça de Transição: Atividades de persecução penal desenvolvidas pelo MPF 2011-2013*. Brasília: MPF/2ªCCR, 2014. (Relatórios de Atuação, 1).

BRASIL, SECRETARIA DE DIREITOS HUMANOS DA PRESIDÊNCIA. *Habeas Corpus: que se apresente o corpo – a busca dos desaparecidos políticos no Brasil*. 2010.

BRASIL, Secretaria de Direitos Humanos da Presidência. *CDDPH – Conselho de Defesa dos Direitos da Pessoa Humana: uma história de resistência e luta pelos Direitos Humanos no Brasil*. Brasília: Secretaria de Direitos Humanos, 2010a.

BRASIL, Secretaria de Direitos Humanos da Presidência. *Habeas Corpus: que se apresente o corpo - a busca dos desaparecidos políticos*. 1. ed. Brasília: Secretaria de Direitos Humanos, 2010b. Disponível em: <http://www.dhnet.org.br/verdade/resistencia/a_pdf/livro_sdh_habeas_corpus.pdf>. Acesso em 7 nov. 2016.

CAMARGO, Ana Maria. Os arquivos e o acesso à verdade. In: SANTOS, CECÍLIA MACDOWELL; TELES, EDSON; TELES, JANAÍNA DE ALMEIDA (Org.). *Desarquivando a ditadura: memória e justiça no Brasil*. São Paulo: HUCITEC, 2009. v. II. p. 426.

CARDOSO, Fernando Henrique. *Diários da Presidência*. 1. ed. Rio de Janeiro: Companhia das Letras, 2015. v. 1.

CASTRO, Celso; D'ARAÚJO, Maria Celina; SOARES, Gláucio Ary Dillon. *Os anos de chumbo: a memória militar sobre a repressão*. Rio de Janeiro: Relume-Dumará, 1994.

CHIRIO, Maud; JOFFILY, Mariana. La verdad de los verdugos. Las comparecencias de los agentes de la represión ante la Comissão Nacional da Verdade de Brasil. *Rubrica Contemporanea*, v. 5, n. 9, p. 11–33, 2016.

COMISSÃO DE FAMILIARES DE MORTOS E DESAPARECIDOS POLÍTICOS; IEVE-INSTITUTO DE ESTUDOS SOBRE A VIOLÊNCIA DO ESTADO. *Dossiê Ditadura: Mortos e Desaparecidos Políticos no Brasil (1964-1985)*. 2. ed. São Paulo: Imprensa Oficial, 2009.

D'ARAÚJO, Maria Celina; CASTRO, Celso. *Ernesto Geisel*. 5. ed. Rio de Janeiro: FGV, 1997.

DORA, Denise Dourado. Advocacia em tempos sombrios: de como um grupo de advogados enfrentou a ditadura militar de 1964. Dissertação de Mestrado. Programa de Pós-Graduação em História, Política e Bens Culturais, CPDOC/FGV, 2011.

DREIFUSS, René Armand. *1964: a conquista do Estado*. [S.l.]: Vozes, 1981.

FICO, Carlos. *Como eles agiam*. 1. ed. Rio de Janeiro: Record, 2001.

_____. Versões e controvérsias sobre 1964 e a ditadura militar. *Revista Brasileira de História*, v. 24, n. 47, p. 29–60, 2004.

_____. Violência, trauma e frustração no Brasil e na Argentina: o papel do historiador. *Topoi*, v. 14, n. 27, p. 239-261, 2013.

FIGUEIREDO, Lucas. *Lugar Nenhum: Militares e civis na ocultação dos documentos da ditadura*. Rio de Janeiro: Companhia das Letras, 2015.

FOUCAULT, Michel. *A verdade e as formas jurídicas*. Tradução Roberto Cabral de Melo Machado; Eduardo Jardim Morais. Rio de Janeiro: NAU, 2003.

GASPARI, Elio. *As Ilusões Armadas: a ditadura escancarada*. 2. ed. Rio de Janeiro: Intrínseca, 2014.

GOMES, Angela de Castro; FERREIRA, Jorge. *1964 - O golpe que derrubou um presidente pôs fim ao regime democrático e instituiu a ditadura no Brasil*. 1. ed. Rio de Janeiro: Civilização Brasileira, 2014.

GREEN, James. Quem é o macho que vai me matar?: Homossexualidade masculina, masculinidade revolucionária e luta armada brasileira dos anos 1960 e 1970. *Revista Anistia Política e Justiça de Transição*, v. 8, p. 58-93, jul. 2012.

JOFFILY, Mariana. *No centro da engrenagem: os interrogatórios na Operação Bandeirante e no DOI de São Paulo (1969/1975)*. São Paulo: EDUSP, 2013.

KUCINSKI, Bernardo. *Jornalistas e Revolucionários: nos tempos da imprensa alternativa*. São Paulo: Escritta, 1991.

KUSHNIR, Beatriz. *Cães de Guarda: jornalistas e censores, do AI-5 à Constituição de 1988*. São Paulo: Boitempo/FAPESP, 2004.

MARTIN-CHENUT, Kathia. O sistema penal de exceção em face do direito internacional dos direitos humanos. In: SANTOS, CECÍLIA MACDOWELL; TELES, EDSON; TELES, JANAÍNA DE ALMEIDA (Org.). *Desarquivando a ditadura: memória e justiça no Brasil*. São Paulo: HUCITEC, 2009. v. I e II. p. 233.

MEDEIROS, Leonilde. *Lavradores, trabalhadores agrícolas, camponeses: os comunistas e a constituição de classes no campo*. 1995. Unicamp, Campinas, 1995.

MEIRELLES, Hely Lopes. *Direito Administrativo Brasileiro*. 19. ed. São Paulo: Editora RT, 1994.

MEZAROBBA, Glenda. *Um acerto de contas com o futuro - a anistia e suas consequências: um estudo do caso brasileiro*. São Paulo: Humanitas/FAPESP, 2006.

_____. Anistia de 1979: o que restou da lei forjada pelo arbítrio. In: SANTOS, CECÍLIA MACDOWELL; TELES, EDSON; TELES, JANAÍNA DE ALMEIDA (Org.). *Desarquivando a ditadura: memória e justiça no Brasil*. São Paulo: HUCITEC, 2009. v. I e II.

MIRANDA, Nilmário; TIBURCIO, Carlos. *Dos filhos deste solo. Mortos e desaparecidos políticos durante a ditadura militar: a responsabilidade do Estado*. São Paulo: Fundação Perseu Abramo/Boitempo Editorial, 1999.

PAIVA, Marcelo Rubens. *Ainda estou aqui*. 1. ed. [S.l.]: Objetiva, 2015.

PEREIRA, Anthony. Sistemas judiciais e repressão política no Brasil, Chile e Argentina. In: SANTOS, CECÍLIA MACDOWELL; TELES, EDSON; TELES, JANAÍNA DE ALMEIDA (Org.). *Desarquivando a ditadura: memória e justiça no Brasil*. São Paulo: HUCITEC, 2009. v. II. p. 203.

QUINALHA, Renan. *Justiça de Transição: contornos do conceito*. 1. ed. São Paulo: Outras Expressões/Dobra Editorial, 2013.

RAMOS, Silvia; PAIVA, Anabela. *Mídia e violência: tendências na cobertura de criminalidade e segurança pública no Brasil*. Rio de Janeiro: IUPERJ, 2007.

ROTTA, Vera. Comissão Especial de Mortos e Desaparecidos. *Acervo*, v. 21, n. 2, p. 193–200, jul. 2008.

SADEK, Maria Tereza. Cidadania e Ministério Público. In: SANCHES FILHO, ALVINO OLIVEIRA et al. *Justiça e Cidadania no Brasil*. Rio de Janeiro: Centro Edelstein, 2009. Disponível em: <http://books.scielo.org/id/rrwrz/pdf/sanches-9788579820175-01.pdf>. Acesso em 18 jul. 2016.

SILVA, Angela Moreira Domingues Da. *Ditadura e Justiça Militar no Brasil: a atuação do Superior Tribunal Militar (1964-1980)*. 2011. 222 f. Fundação Getúlio Vargas, Rio de Janeiro, 2011.

STARN, Randolph. Truth in the Archives. *Common Knowledge*, v. 8, n. 2, p. 387–401, 2002.

TELES, Janaína de Almeida; TELES, Edson; SANTOS, Cecília MacDowell (Org.). *Desarquivando a ditadura: memória e justiça no Brasil*. São Paulo: HUCITEC, 2009. v. I e II.

_____. Os familiares de mortos e desaparecidos políticos e a luta por verdade e justiça no Brasil. In: SAFATLE, VLADIMIR; TELES, EDSON (Org.). *O que resta da ditadura - a exceção brasileira*. 1. ed. São Paulo: Boitempo, 2010. p. 352.

_____. As disputas pela interpretação da lei de anistia de 1979. *Ideias*, v. 1, n. 1, p. 71–93, semestre 2010.

TÉRCIO, Jason. *Segredo de Estado - o desaparecimento de Rubens Paiva*. Rio de Janeiro: Objetiva, 2011. [S.l: s.n.], [S.d.].

MATRIX